맨주먹으로 코리안 드림을 이룬 맨하탄 32번가의 기적

뉴욕곰탕 이야기

김유봉 지음

뉴욕곰탕 이야기

추천사

진국 곰탕 보다 더 진국인 장로님

할렐루야! 크고 놀라우신 하나님의 은혜에 감사드리며 모든 영광과 찬양을 하나님께 올려 드립니다. 하나님께서 일찍이 김유봉 장로님을 택하셔서 일평생 함께 하시며 큰 은혜와 복을 주시고, 또 주님의 복음과 주님의 몸 된 교회를 위하여 귀하게 사용하심에 깊이 감사드립니다. 이번에 김 장로님이 인생을 회고하며 '뉴욕곰탕 이야기'라는 간증집을 내셨는데, 진심으로 축하드립니다.

이 책은 하나님께서 김 장로님의 평생에 베풀어주신 은혜와 역사를 세세히 기록하고 있습니다. 읽을수록 큰 감동이 됩니다. 장로님은 1979년 미국에서 처음 곰탕집을 내신 이래 지금까지 한결같이 한국의 맛과 정신과 문화를 세계에 소개하고 있습니다. 참으로 귀하고 멋있는 삶입니다. 그러나 그보다 저에게 더 큰 감동이 되는 것은 바로 믿음입니다.

그동안 이역만리 낯선 땅에서 얼마나 어렵고 힘든 일이 많았겠습니까? 그러나 장로님은 그 많은 시련과 역경 속에서도 오직 주님의 믿음으로 기도 가운데 인내하시고, 또 주님이 주신 은혜와 복을 오직 주님의 영광을 위하여 교회와 이웃과 세계를 위하여 사용하셔서 귀한 믿음의 본을 보여주셨습니다.

그리고 보니 제가 미국 뉴욕에 집회를 가서 뉴욕곰탕 집에서 장로님과 교제한 지도 참 오랜 세월입니다. 저는 지금도 집회 차 뉴욕에 가게 되면 종종 뉴욕곰탕 집에 들려 식사를 하곤 합니다. 또 장로님께서 항상 명성교회를 위해서 기도해 주시고 명성교회 강단에서 흘러나오는 말씀에 은혜를 받는다고 하시니 감사드립니다. 저는 주의 종으로서 세계 도처에서 신실하게 일하는 주의 일군들을 만나면 얼마나 기쁘고 감동이 되는지 모릅니다.

김 장로님은 제가 뉴욕곰탕 집에서 먹어 본 진국의 곰탕보다 천 배 만 배 더 진국이신 분입니다. 주님을 향한 믿음은 신실하고, 교회와 성도를 향한 사랑은 변함이 없고, 선교와 봉사를 향한 사명은 세월이 갈수록 더욱 커져가고 있습니다.

김 장로님, 귀한 간증집의 출간을 축하드리며 축복합니다. 이 책이 오직 하나님께 영광을 돌리고, 성도들에게 신앙의 도전이 되고 격려가 되고, 이웃과 세상을 향해서는 복음을 전하는 귀한 통로가 되고 도구가 되기를 간절히 바랍니다. 김 장로님, 사랑합니다.

김삼환 목사 (명성교회 원로)

추천사

믿음의 영감과 도전을 받는 책이 되길

　미주 이민 생활을 한 분들에게 뉴욕곰탕은 전설입니다. 뉴욕 맨해튼을 오래 전에 방문했던 분들에게 너무나 익숙한 이름..

　우리에게 뉴욕곰탕이 있어 뉴욕은 낯설지 않은 도시가 되었습니다. 한그릇 곰탕으로 향수를 달래고 친구들을 만나던 고향같은 곳.. 그 곳에서 김유봉 장로님은 작은 한국을 만들어 제공하신 분이십니다.

　뉴욕곰탕은 김유봉 장로님의 사업의 성공이라는 기적의 터전이었습니다. 한 동안 한국인의 성공의 자부심이었고 이민자의 롤 모델이었습니다. 그러나 그는 이런 바쁜 사업의 일상에서도 가정과 교회에 성실하셨습니다. 그는 줄 곧 한 교회 한 소망을 영적인 홈으로 지키고 섬기셨습니다. 그리고 평신도 장로로 교회 섬김과 교회 부흥의 파수꾼이 되셨습니다.

　그런가하면 이민 사회의 리더로 도움이 필요한 곳에 기쁘게 헌신하셨습니다. 제가 이민목회를 하며 유학생들의 영적 도움을 위해 코스타(COSTA)를 시작했을 때 장로님은 대회 중 하루는 한국음식이 그리운 유학생들에게 곰탕을 제공하셨고, 음으로 양으로 필요한 여러 가지 도움을 주시기도 하셨습니다. 저는 와싱톤에 살았지만 뉴욕방문은 언제나 장로님을 만나는 기쁨이 있었습니다.

와싱톤에 살면서 그리고 후일 한국에 와서 지구촌 교회를 개척하면서도 장로님이 섬기시는 한소망 교회를 여러차례 방문하고 집회를 인도했습니다. 장로님의 생애는 맨손으로 일군 이민 역정에서 한국인이 보여준 도전의 여정이고 그리스도인 장로로 기도와 믿음으로 살아간 영적 기적의 주인공이셨습니다.

장로님의 전기는 이민의 여정을 살아갈 후학들을 위해서도 필요한 기록입니다. 김유봉 장로님이 쓰신 히브리서 11장 같은 신앙의 여정으로 인하여 미국 이민사에 한 의지의 한국인의 도전~"믿음으로 삶"의 의미를 남기셨습니다. 모쪼록 많은 분들이 이 책으로 믿음의 영감과 도전을 받게 되시기를 기도합니다.

사랑에 빚진, 이동원 목사(지구촌 교회 창립/원로 목사)

추천사

순종으로 얻은 믿음의 열매

평소 존경하는 김유봉 장로님께서 늦은감이 있지만 간증집 '뉴욕곰탕 이야기'를 펴내신 것을 진심으로 축하드립니다.

장로님은 제가 한창 부흥회 인도를 위해 미국 뉴욕에 갈 때마다 관심과 사랑으로 환대해 주셨고 한국에서도 가끔 뵙고 신앙 안에서 교제할 수 있어 늘 감사하게 생각하고 있습니다.

장로님은 뉴욕 한인타운의 상징과도 같았던 '뉴욕곰탕' 음식점을 운영하시면서 많은 선교사역에 참여하시고 수많은 나그네들을 돕고 나누셨습니다. 또 특별회 섬기는 교회의 교회부지 마련과 교회건축에 최선을 다해 헌신함으로 미주 한인사회에 귀감이 될 아름다운 발자취를 남기셨습니다.

특히 세계 최초로 '곰탕캔'을 개발해 미국 전역에 판매하셨으며 이 곰탕으로 미국 시카고에서 열렸던 세계선교대회에 참석한 수백명의 선교사들을 대접하셨던 것을 기억합니다.

이 간증집은 장로님께서 맨손으로 미국에 도착해 믿음의 배우자를 만나 하나님의 은혜와 역사 가운데 놀라운 축복을 받으신 과정을 기록하고 있습니다. 자신은 희생하며 하나님께 최선을 다해 올려드린 간증 내용은 우리 모두에게 큰 감동과 신앙의 도전을 줍니다.

무엇보다 자신과 가족을 희생해 가며 하나님과의 약속을 지키신 모습에 큰 감명을 받았습니다. 또 장로님을 교회로 이끄시고 기도로 내조하며 동역해오신 부인 박송현 권사님 간증도 신앙 안에서 높이 존경하지 않을 수 없습니다.

이제 장로님은 일선에서 은퇴하시고 성공한 자녀, 손자들과 행복한 노후를 보내고 계신 것으로 압니다. 독자들은 이 책을 통해 하나님께 철저히 순종함으로 얻어진 믿음의 열매가 무엇인지 꼭 발견하시길 바라며 한국교회 크리스천들에게 이 책을 적극 추천하는 바입니다.

강헌식 목사(기독교대한하나님의성회 총회장)

프롤로그

뉴욕곰탕에 담긴 하나님의 섭리

거므스름한 뚝배기 안에서 희멀건 국물이 부글부글 끓는 곰탕이 탁자 위에 올라온다. 밥 한 공기를 그릇 채로 말아 넣고 기호에 맞게 소금과 파, 깍두기 국물을 넣어 입으로 호호 불어가며 먹기 시작한다. 잘 식지 않는 뚝배기의 특성 때문에 마지막 국물까지 훌훌 마시고 그릇을 내려놓으면 어느샌가 이마에 땀이 송글송글 맺혀 있다.

뉴욕 맨해튼 32번가 코리아타운의 뉴욕곰탕!

언제부터인가 '김유봉'이란 내 이름 앞에 이 '뉴욕곰탕'이란 수식어가 늘 붙어 따라 다니고 있다. 교포사회에서도 내 이름을 들으면 첫 마디가 "아! 뉴욕곰탕 사장님!"이라고 반응하곤 한다. 이것은 내가 이민행렬이 이어지던 1979년부터 2013년까지 무려 34년간 뉴욕 27번가와 32번가에서 뉴욕곰탕 가게를 운영했기 때문일 것이다.

나는 내 인생의 가장 황금기인 30대부터 60대까지 이 곰탕을 끓이며 뉴욕 이민생활을 보냈다. 지금은 은퇴하고 아내와 여유로운 노후를 보내고 있지만 지난 세월을 회고하면 그 누구보다 치열하고 바쁜 삶을 살았다.

 1992년, 음식점만 하던 내가 한국인으로 최초로 미국 농무부(USDA)의 제조허가를 받아 '곰탕캔' 사업에 뛰어 들었다. 뉴욕 브루클린에 공장을 설립해 하루 수천 개의 곰탕캔을 생산하는 설비를 갖추고 수출도 했다. 비록 한국의 IMF 금융대란 때문에 빛을 보진 못했어도 새로운 가능성에 도전했던 의미 있는 시간이었다.

 32번가 코리아타운 6층 건물을 소유해 뉴욕곰탕을 운영하면서 뉴저지 한인타운 펠팍에도 건물을 매입해 서울식당이란 간판을 걸고 운영하기도 했다. 한창 식당운영과 사업이 왕성할 때 여러 곳에서 나의 이야기를 책으로 펴내자는 요청들이 있었다. 그러나 마음이 내키지 않았다. 내 삶이 아직 진행형이었기에 내가 나를 정리할 수 있는 마음의 여유도 없었지만 과연 내 이야기가 책으로 엮을만한 가치가 있을까에 늘 자신이 없었기 때문이다.

 이제 식당을 다 정리했고 수년간 쉬면서 차분하게 나를 돌아볼 수 있었다. 이 돌아봄 가운데 내 가슴에 가장 깊게 각인된 것이 '감사'였다. 그리고 그것의 다른 표현은 '하나님의 인도와 사랑'이었다.

 누구나 인생의 성공을 추구한다. 그런데 진정한 성공은 사실 물질에 국한되지 않는다. 우리의 삶 전반이 은혜와 기쁨, 감사와 사랑으로 충만할 때 얻어지는 만족이 물질의 소유를 훨씬 더 능가한다. 그런 면에서 나는 두 마리 토끼를 다 잡은 행복한 사람이었다.

내 삶을 돌이킬수록 나를 인도해 주신 하나님의 은혜에 감격하게 된다. 160달러를 들고 무작정 미국행 비행기를 탔던 나, 신앙이 뜨거운 아내를 만나 결혼할 수 있었던 나, 식당을 열고 사업을 시작한 고비마다, 어려운 순간마다 하나님은 놀랍게도 내 곁에 좌정하고 계셨다.

이제야 나는 기쁘게 마음의 결정을 내릴 수 있었다. 뉴욕곰탕 김유봉이 하나님을 만나고 또 삶 속에서 하나님이 역사하신 이야기를 책을 통해 나누어야 한다는 시점임을.

이 책은 내 삶을 기록한 이야기이기도 하지만 뒤집으면 하나님께서 한 인간의 삶을 역동적으로 변화시켜 사용한 이야기이기도 하다. 인간은 연약하고 부족한 존재다. 그러나 하나님께 붙잡히면 그 약함마저 강함으로 바뀌고 인생의 가치관도 송두리째 변화되어 놀랍고 역동적인 삶이 된다.

나는 그동안 여러 교회와 선교 모임, 기독방송사 등의 초청을 받아 간증할 기회가 많았는데 이때 빠지지 않고 하는 이야기가 내 인생이 놀랍게 변화되고 복을 받은 것은 3개의 별을 땄기 때문이라고 나를 소개하곤 한다.

독자들은 이 책 안에서 그 별들을 발견할 수 있다. 그 첫 번째 별은 열심히 일한 만큼 열매가 보장되는 기회의 땅, 미국 비자를 받은 것이다. 둘째, 평생 투철한 믿음으로 신앙을 이끌어준 아내를 만난 것이다. 셋째는 교회에서 귀한 장로 직분을 받은 것이다. 이 세 가지는 내가 주님을 뜨겁게 만나고 사랑하며 헌신할 수 있는 길을 열어준 통로였다.

이 책 '뉴욕곰탕 이야기'는 '인간 김유봉의 이야기'가 아니라 '김유봉이 만난 하나님 이야기'가 핵심이다. 그래서 독자들은 이 책 속에서 역사하시는 하나님을 만날 수 있길 바라고 또 기대한다. 그래서 삶의 진정한 목적과 가치가 무엇인지 발견할 수 있다면 이 책은 그 발간된 사명을 다한 것이라 믿고 싶다.

이 책은 준비하고 발간하는데 도움을 준 손길들이 많다. 처음부터 기도로 응원해준 한소망교회 김용주 원로목사님과 아내 박송현 권사, 출판에 도움을 준 고 안준배 목사님과 김무정 장로님, 출판관계자 모두에게 고마움을 표하고 싶다. 또 오랜 기간 말씀을 통해 은혜받으며 신앙지도를 해주신 존경하는 김삼환 목사님, 이동원 목사님, 강헌식 목사님께서 정성스레 추천사를 써 주신 것에 깊이 감사드린다. 이 책을 통한 모든 영광을 하나님께 올려 드린다.

2024년 4월 뉴저지 펠팍 서재에서
김유봉 장로

목 차

추천사 | 진국 곰탕 보다 더 진국인 장로님(김삼환 목사) ● 4
　　　　　믿음의 영감과 도전을 받는 책이 되길(이동원 목사) ● 6
　　　　　종으로 얻은 믿음의 열매(강헌식 목사) ● 8

프롤로그 | 뉴욕 곰탕에 담긴 하나님의 섭리 ● 10

1부_ 가시밭길을 헤쳐 나간 청운의 꿈

여주에서 잉태된 소년의 꿈 ● 20
경기도 여주군 가남면 금당리 641번지 ● 24
160불 들고 떠난 아메리칸 드림 ● 31
아버님의 임종도 못 지킨 불효자 ● 38
접시닦기에서 세컨쿡으로 ● 44
맞선 31일만에 올린 초스피드 결혼식 ● 50
테이블 3개의 5평 곰탕집 ● 58
나를 회심시킨 성령의 음성 ● 65
옥합을 깨뜨리다 ● 72
신앙은 결단이다 ● 81

2부_ 신앙 열정과 물질 축복의 열매들

뉴욕 32번가의 축복 ● 90
10년 만의 금의환향 ● 96

35세에 집사, 42세에 장로로 임직되다 ● 102
100만불 헌금의 꿈 ● 107
120만불로 1에이커의 교회부지를 사다 ● 112
40여명의 성도가 시작한 교회건축 ● 119
감격과 눈물의 교회 준공예배 ● 126
경찰서 유치장에서 얻은 깨달음 ● 133
뉴욕곰탕 6층 건물을 사기까지 ● 140
미국의 저력은 청교도 신앙에서 나온다 ● 147

3부_ 나눔과 사랑, 헌신과 봉사로 얻는 기쁨

맛있을 수밖에 없는 뉴욕곰탕 ● 156
설날 무료떡국과 전도책자 '고향길'과 '본향길' ● 161
곰탕으로 캔을 만들다 ● 169
시카고 한인세계선교대회의 곰탕 잔치 ● 176
곰탕 캔에 담긴 하나님의 뜻 ● 181
다른 분은 몰라도 장로님은 망하면 안됩니다 ● 188
주일성수와 1만불 ● 193
나누고 섬기며 이뤄지는 전도 ● 200
아내의 기도 ● 206
네 손이 이 꽃보다 더 이쁘단다 ● 215

4부_ 하나님의 사람은 영원한 청년이다

뉴욕곰탕에서 만난 사람들 ● 222
천태만상의 음식점 손님들 ● 228
한국기독교성령100년사 현존 100인에 선정되다 ● 233
신앙의 본을 보이라 ● 240
산타페로 49일간 미국과 카나다를 횡단하다 ● 247
뉴저지 팰팍에 세워질 노인아파트의 비전 ● 256
자녀에게 주는 진정한 유산 ● 263
내 인생의 한 페이지를 장식한 출판감사예배 ● 272

에필로그 | 더 열심히 살아야 할 명분을 찾는 책 ● 283

1부

가시밭길을 헤쳐 나간 청운의 꿈

여주에서 잉태된 소년의 꿈

　세계인의 심장이라고도 불리는 활기찬 미국 뉴욕, 그 중심 맨해튼엔 유명한 엠파이어 스테이트 빌딩이 솟아 있다.

　1931년 지어져 높이 381m, 102층으로 선보인 이 아름다운 건물은 세계에서 가장 유명한 건축물 중의 하나로 손꼽힌다.

　이 빌딩 바로 옆 32번가에 200m 남짓 코리아타운이 있다. K타운으로도 불리는 이곳은 뉴욕의 대표적인 한인 밀집 지역으로 다양한 한국 상점들이 꼬리에 꼬리를 물고 이어진다.

　1970년대 초 가발상, 보따리 장사꾼들이 하나 둘 모인 곳으로 시작됐지만 지금은 뉴욕시 정부로부터 '코리아 웨이(Korea Way)'라는 공식적인 명칭을 부여받을 정도로 뉴욕 중심가에 당당히 자리매김했다.

　이 코리아타운 중간쯤에 근 100년은 됐음직한 6층짜리 석조건물이 있다. 내가 1982년부터 2013년까지 30년이 넘게 '뉴욕곰탕'이란 간판을 걸고 운영을 했던 빌딩이다.

내가 매입해 사용했던 이 건물은 다시 매각했고 지금은 식당 운영에서 완전히 물러났다. 그래도 맨해튼에 나갈 때면 습관처럼 이 빌딩 앞을 들르게 된다. 그리고 숨가쁘게 열심히 살았던 지난 시간들을 하나 둘 기억하며 감회에 젖는다.

아메리칸 드림을 꿈꾸며 1960년대 중순부터 밀려온 한국인의 뉴욕이민은 모두들 애달픈 사연을 간직한 채 숱한 고생으로 시작하곤 했다. 나 역시도 한국식당 접시 닦는 일로 시작해 앞만 보고 달려온 긴 시간이었다.

2013년, 사업 일선에서 은퇴하고 지금은 행복한 노후를 보내고 있다. 하나님이 허락하신 1남 2녀의 자녀들은 모두 결혼했고 자녀들이 낳은 8명의 손자 손녀를 보는 기쁨도 무척이나 크다.

그러나 아직도 내 가슴 한 켠의 박동이 힘차게 뛴다. 그 이유는 단 한 가지, 내 마음 속에 심겨진 복음의 씨앗 때문이다.

하나님께서는 부지런함과 열정만 간직한 채 다듬어지지 않았던 한 청년을 신앙으로 무장된 한 여인을 통해 삶의 전환점을 갖도록 이끄셨다. 복음은 움직일 때 핵처럼 분열한다. 그저 식당을 운영하는 단순한 업주로만 인생을 살 수 있었던 평범한 사람, 김유봉이 예수를 만남으로 인생의 가치관과 목적이 바뀌었다. 성공의 의미가 달라졌고 어떤 상황도 이기는 용기와 결단력이 생겼다.

이런 면에서 내 삶은 한 편의 드라마와도 같다는 생각을 가끔 해보게 된다. 그리고 오늘의 나를 만든, 내 삶의 첫 단추가 과연 무엇일까를 곰곰이 생각해 본 적도 있다.

전기도 들어오지 않는 경기도 여주 첩첩산골 출신의 까까머리 소년이 어떻게 뉴욕의 심장부에서 하나님의 은혜와 사랑, 섭리를 자신 있게 외칠 수 있게 되었는지를 말이다.

그리고 그 이유를 아주 오랜 60여년 전, 가물가물한 기억 속에서 꺼낼 수 있다. 한창 감수성이 예민하던 중학교 시절, 당시 TV도 신문도 없던 우리 마을에서는 세상 돌아가는 정보를 어른들의 이야기와 친구들의 대화 속에서만 겨우 얻을 수 있었다.

어느 여름날, 개울가에 모인 또래 친구들과 물장구를 치다 '재일교포의 성공담'을 주제로 이야기가 시작됐다. 일본에서 큰 돈을 번 재일교포들이 한국 고향으로 돌아와 학교도 지어주고 경로당도 만들어 주었다는 훈훈한 미담이었다.

이 말은 갑자기 나를 흥분시켰다. 이몽룡이 장원급제하고 암행어사가 되어 춘향이를 구한 것처럼 나 역시 사업가가 되어 성공함으로 가난한 우리 가족을 살리면 좋겠다는 생각을 품은 것이다.

'이 넓은 세상. 나도 마음껏 돈을 벌고 싶다. 그리고 보란 듯이 돈 때문에 힘들어 하는 부모님, 형제, 친척들에게 나의 성공을 나누어 주고 싶다.'

소년에게 심겨진 이 '희망의 씨앗'은 한국에서 더 넓은 세계로 나가 마음껏 꿈을 펼쳐보겠다는 열정으로 이어지고 사촌형을 통해 구체화

되었다. 여러 차례의 도전과 모험 끝에 미국행 비행기에 올라 미국 뉴욕에서의 곰탕 인생을 시작할 수 있었기 때문이다. 꿈이 있으면 길도 있었다.

2024년 올해 내 나이 77세, 참으로 바쁘게 또 열심히 살아온 내 인생이었다. 옛 어른들이 말하던 '인생은 화살처럼 빠르다'라는 말에 깊이 공감하지 않을 수 없다.

지나간 과거를 돌이켜 회상하는 일은 다시 한번 나의 옛 기억으로 돌아가는 시간여행이다. 그리고 그 때 느꼈던 희노애락을 다시 한번 마주하는 추억의 시간이기도 하다.

돌이켜보면 나의 지나온 삶은 슬픔 보다는 기쁨이, 불행보다는 행복이, 불평보다는 감사가 더 많은 부분을 차지한다.

그 이유는 무엇일까? 그 답은 너무나 분명하다. 내 삶 속에 예수 그리스도를 믿고 의지하며 또 그분의 가르침을 따르는 기독교 복음이 든든히 심겨져 뿌리 내렸기 때문이다.

내 삶은 신앙을 가진 시절과 신앙을 모르고 살아 온 시절은 AD와 BC 처럼 엄청난 차이를 갖는다. 신앙은 내 삶을 지배하는 방향키와 같았다. 이제 나는 내가 지금까지 살아온 삶을 차분히 기록으로 남기려 한다. 아울러 이 책의 출간 목적은 아주 단순하다. 내 삶에 좌정하시고 역사하셨던 하나님의 놀라운 이야기를 좀 더 많은 분들과 나누고 전하려는 것이다. 그러므로 이 책은 내 인생의 회고록이 아니라 신앙고백이다. 이제 뉴욕곰탕의 긴 이야기를 시작해 보려고 한다.

경기도 여주군 가남면 금당리 641번지

내가 태어난 고향은 경기도 여주군 가남면 금당리 641번지다. 태어날 당시의 금당리는 마을에서 1시간 반 정도 걸어가야만 장이 서는 면 소재지가 있었다. 당연히 전기도 교통수단도 없는 첩첩산골이었다.

여주는 한강 어귀의 비옥한 지역으로 중부 대륙성기후 탓에 토지가 아주 좋다. 강수량이 적절해 쌀과 고구마 등 질 좋은 농산물이 많이 생산된다.

이 산 좋고 물 좋은 아름다운 고향 땅 여주지만 내가 태어난 1947년 당시는 경제가 발전되기 한참이나 전이었다. 더구나 워낙 시골이라 문명의 혜택을 거의 받지 못한 채 어린 시절을 보냈다. 그나마 마을에 금당국민학교가 있어 이곳을 다닐 수 있었던 것만도 감사해야 할 부분이었다.

기억이 나지 않지만 어머님(최태봉)은 내가 태어나기 전에 이 금당국민학교에서 잠시 학생들을 가르치셨다고 한다. 아버님(김연식)은 농사를 지으셨는데 다양한 방면에서 못하시는 것이 없을 정도로 만능 재주꾼이셨다.

　주변 어른들이 '너무 재주가 많아도 밥 굶는다'란 소리를 가끔씩 하셨던 것 같은데 지금 생각하니 아버지를 두고 한 말이 아니었나 싶다.

　농사를 짓는 평범한 이 집안의 7남매 중 둘째이자 장남인 나는 어머니의 엄격한 가정교육 속에 성장했다. 6살 때부터 어머니로부터 천자문을 배우고 한글도 깨우쳤다. 내 위로 누님(유자)이고 바로 밑으로 남동생(유열)이 있었다. 그리고 이어서 여자 자매 4명(유향 유남 유경 유은)이 나란히 이어지는 다복한 가정이었다.

　집안의 큰 아버님(김춘식)이 민의원을 지내시고 한학자셨는데 마을에서 유지로 불리며 가장 좋은 기와집에서 사셨다. 어머니가 신학문을 배우시고 초등학교 교사를 하신 탓에 학교공부 만큼은 내게 얼마나 열심히 가르치셨는지 모른다.

　내가 말썽을 부리거나 숙제를 게을리 하면 여지 없이 매를 드시곤 했다. 한번은 내가 말썽을 피워 그 자리서 꼼짝 못하도록 양 손이 묶이고 말았다.

　그런데 어머니가 회초리를 찾으러 가신 틈에 냅다 달아나 버렸던 기억이 난다. 손이 묶인 상태라 풀 수도 없이 이리 저리 매를 피해 돌아다닌 것을 생각하면 지금도 웃음이 난다.

　지금도 내 몸이 호리호리하지만 어렸을 때도 지금과 같았다. 그래선지 행동이 민첩하고 빨랐다. 여기에 덩달아 말도 매우 빠른 편이었고 친구들 사이에서는 뭐든 앞장서야 직성이 풀렸다.

그러나 아무리 동네에서 까불며 돌아 다녀도 난 시골에서만 자라 도시 물정을 전혀 모르는 촌뜨기였다. 초등학교에 다니다 난생 처음 서울서 공부하는 사촌형을 따라 서울 구경을 간 적이 있었다.

이 때 서울가는 버스를 처음 타 보았는데 보고 또 보아도 얼마나 신기한지 몰랐다. 이렇게 큰 쇠덩어리가 소리를 내며 혼자 굴러간다는 사실이 믿어지지 않았다.

그런데 버스를 타고 자리를 잡고 앉았는데 같이 탄 대부분의 사람들이 눈을 감은 채 가고 있는 것이 아닌가. 난 사촌형을 향해 질문을 던졌다.

"형. 이 버스는 눈먼 장님(시각장애인)들만 타는 버스예요?"

형님은 내 질문에 박장대소부터 했다.

"유봉아. 모두들 멀리서 타고 오느라 피곤해서 그래. 사람들이 지금 졸고 있는 거야."

이 정도로 순진했던 나였다. 그런데 나 역시 나중에 서울에서 내릴 때는 사촌형이 깨웠을 만큼 깊이 잠들어 있었다.

어머니의 불타는 교육열 덕분에 초등학교 6년간 개근을 했다. 졸업식에서는 우등상장도 받았다. 그리고 읍에 있는 중학교에 곧바로 진학했다. 그런데 집에서 출발해 이 중학교에 가는 데만 해도 1시간 정도를 걸어야 했다.

버스도 다니지 않아 하루 왕복 2시간 이상을 걸어 통학한 것이다. 평지도 아니고 산등성이를 2개나 넘어야 학교가 나타났다.

초등학교 때 제법 공부를 잘했던 나는 중학교에 들어가서도 처음엔 우등생이었다. 그런데 성적이 갑자기 곤두박질쳤다. 2학년이 되면서 예상치 못했던 복병을 만났는데 심한 축농증에 걸린 것이다.

알레르기성 비염이 악화되어 생긴 축농증은 지금은 약이 좋아 쉽게 고치지만 당시는 중한 병이 아니면 병원에 갈 엄두를 내지 못했다. 보통 축농증 증세는 머리가 멍해지며 기억력이 크게 감퇴된다.

그러다보니 늘 머리가 아프고 공부가 집중되지 않아 시험성적이 나쁠 수밖에 없었다. 코를 계속 풀며 쿵쿵거리는 것도 친구들이 나를 뒤에서 놀릴 것만 같았다. 그래서 한 번 두 번 학교를 빠지기 시작했는데 나중에는 아예 가지 않아 버렸다. 사춘기와 맞물리면서 공부가 엇나가 버린 것이다.

이제 내가 선택할 수 있는 길은 두 가지였다. 집에서 부모님을 도와 농사를 짓느냐 아니면 시골을 벗어나 서울로 올라가 직업을 구해 나만의 새로운 인생을 개척해 보느냐 하는 것이었다.

그러나 아직 나이가 어렸기에 집에서 우선 농사일을 돕기 시작했다. 그런데 해도 해도 끝이 없는 것이 시골 일이었다. 동생들은 다 학교 다니고 장남인 내가 공부가 싫어 학교를 뛰쳐 나왔으니 부모님 일을 돕는 것은 당연한데 농사일은 영 죽을 맛이었다.

이렇게 농사일을 하다 사춘기를 맞으면서 친구들과 조금씩 어울렸다. 그러다 보니 또래 여자아이들과 데이트도 하면서 놀았는데, 아주 여기에 맛을 들이게 되었다.

멋있게 보이려고 몸치장도 해야 했고 다방에서 차도 마시려면 돈이 필요했다. 집안의 경제권을 쥔 어머니는 아무리 사정해도 돈 100환(원)이 주머니에서 나오기 힘들었다.

그 무렵 다방 커피 한 잔 값이 10환 할 때였다. 여자친구를 만나려 해도 돈이 없어 나가지를 못했다. 하루는 돈을 타낼 욕심에 거창한 계획을 세웠다. 이왕 받는거 한 1000환 정도로 많이 타서 신나게 돈을 한번 써 보리라 생각했다. 나는 어머니 앞으로 가서 비장한 표정을 지었다.

"어머니. 제 말 좀 꼭 들어주셔야 해요. 제가 용돈 1000환이 필요하거든요. 사용처는 묻지 마시고 꼭 주셔야 해요. 정말 제게 필요한 돈이에요."

큰 액수를 달라고 하니 어머니는 깜짝 놀라며 어디에 쓸 것인지 자꾸 물어 보았다. 데이트를 하는데 쓴다고 말 할 수 없으니 나도 계속 말할 수 없노라고 끝까지 버티었다.

돈 100환도 큰 데 1000환이라니 놀란 어머니는 '저 녀석이 제정신인가' 하는 표정이었다. 지금으로 환산하면 50만원 정도 되는 돈이었다. 예상대로 어머니는 단번에 거절했다.

"어디에 쓴다고 용처도 말 못하면서 무슨 큰 돈이 그렇게 필요하단 말이냐. 나는 못 준다."

나는 마치 이 때를 기다렸다는 듯이 미리 준비한 양잿물(극약)을 어머니 앞에 탁 내려 놓았다. 그리고 비장한 어조로 이렇게 말했다.

"어머니는 아들이 돈이 꼭 필요하다고 간절히 부탁드리는데도 안 주시니 전 세상에 살 자격도 없는 놈입니다. 그냥 이 양잿물 먹고 죽어 버리겠습니다."

난 어머니에게 겁도 없이 죽어 버리겠다고 목숨을 놓고 협박을 한 셈이다. 그러면 어머니가 놀라서 나를 막아서고 지갑에서 돈을 꺼내 줄 것으로 여겼다. 그러나 내 예상은 완전히 빗나갔다. 어머니의 목소리는 어느 때 보다도 차분했다.

"유봉아. 네가 그렇게 죽고 싶다면 죽어라. 어미가 그걸 어떻게 말리겠느냐. 그러나 유봉이 네가 분명히 알아야 할 것이 하나 있다. 그것은 자식이 부모 보다 먼저 죽는 것이 세상에서 가장 큰 불효라는 사실이다. 효자는 출세하고 성공하는 것 보다 부모를 오랫동안 잘 모시고 절대 부모보다 먼저 가지 않는 것이 제일 큰 효도다."

어린아이처럼 떼쓰던 나는 어머니의 이 말씀에 그만 또 어린아이처럼 '으앙'하고 울음을 터뜨리고 말았다. 어머니의 완전한 승리였다.
이 사건은 이후 내게 아주 중요한 다짐을 하게 만드는 계기가 되었다. 그것은 내가 어떠한 일이 있어도 어머니보다 먼저 죽는 불효는 하지 않아야 한다는 사실이었다. 그래서 자리를 잡자마자 어머니를 미국으로 초청해 함께 살면서 이 약속을 잘 지켜 나갈 수 있었다.
충분히 장수하시고 자녀들의 효도 받으시며 85세에 소천하신 어머님이시지만 오늘따라 유난히 보고 싶다.

160불 들고 떠난 아메리칸 드림

　시골에서 농사짓는 일은 도저히 내 적성에 맞지 않았다. 어떻게 하면 이곳을 빠져나갈 수 있을까를 고민하는 중에도 시간이 흘러 군대 입대 영장이 나왔다.

　훈련소를 거쳐 시작된 군생활은 시골서만 지내던 내게 새로운 세계를 알게 하기에 충분했다. 전국 각 지역에서 온 비슷한 또래들과 군생활을 하면서 학교에서 배우지 못한 많은 것을 배울 수 있었다.

　세상은 참으로 다양하고 많은 직업이 있으며 알아야 할 것도, 할 수 있는 일도, 별난 것도 무수히 많다는 사실을 군대에서 알게 되었다.

　남보다 눈치도 빠르고 행동도 잽싼 탓에 군대생활은 별 어려움 없이 잘 마칠 수 있었다. 제대 후에는 시골에 내려가 인사만 드린 후 곧장 서울로 올라와 사회생활을 시작했다. 이곳저곳을 다니며 막노동도 하고 직장을 찾아 다녔다.

그러나 특별한 기술도 없는 내가 할 수 있는 일은 지극히 제한적이어서 제대로 된, 안정된 직업을 잡기 힘들었다. 나이는 점점 드는데 이루어 놓은 것이 없었다. 그리고 1970년대 초 우리 사회는 아직 경제성장이 본격적으로 이뤄지기 전이여서 모든 분야가 어수선하고 어설펐다.

내가 자리를 못잡고 이리 저리 떠도는 것을 본 사촌형이 "유봉이 너 일본 한번 다녀오겠느냐"고 제안했다. 귀가 번쩍 뜨였다. 당시 해외여행은 사업가나 정부관료 등 업무가 분명한 특수계층만 갈 수 있을 때였다.

1988년에 우리나라 해외여행 자유화가 이뤄졌는데 이 때가 1975년이니 해외여행 자유화 13년 전이었다.

중앙대학교를 졸업한 사촌형은 당시 서울에서 이민 관계 등 여행업을 했다. 주로 사업이나 이민으로 해외에 가는 사람들에게 비자를 받아주고 비행기표를 예약하는 일을 했다.

형님은 "일본에 가서 선진 문물이 어떻게 발전해 있는지 구경도 하고 일도 좀 하고 돌아오라"며 비자수속과 비행기편을 예약해 주었다.

제주도도 못가 본 내가 난생 처음 비행기를 타고 일본 오사카로 향했다. 신기하면서도 이 비행기가 혹시 추락하지나 않을까 이륙해서 날아오를 때는 간담이 서늘했다. 오사카에 내린 나는 사촌형 친구를 만나 그 집에서 생활하며 케비넷을 만드는 도금공장에서 잠시 일했다.

당시 일본 비자는 3개월이었고 한 차례 연장해 6개월간은 일본에서 지낼 수 있었다. 그 이후는 불법체류가 된다. 당시 오사카에는 한국인들이 부산에서 어선으로 밀입국해 불법 취업을 하고 있는 경우가 많았다.

우리나라가 지금 아시아 여러 나라 사람들의 값싼 노동력을 이용하고 있는 것처럼 이미 경제력이 탄탄해진 일본이 싼 노임을 줘도 되는 한국인들을 많이 채용하곤 했다.

당시 내가 본 일본은 완전 신세계였다. 모든 것이 깨끗하고 질서정연했으며 사람들이 부지런하고 정직했다. 음식도 정갈하면서도 맛있었고 한국보다 한창 앞선 선진국임을 선명하게 느낄 수 있었다.

일본에서의 생활은 친구나 가족을 만나지 못해 외롭지만 열심히 일하면 제법 돈을 벌 수 있었다. 월급이 높아 저축을 열심히 해서 한국에 가면 장사밑천이라도 만들 수 있을 것 같았다. 나는 길이 있다면 일본에 정착을 해서 계속 돈을 벌고 싶었다.

그러나 문제는 비자가 연장되어야 했다. 취업비자는 받기 쉽지 않았고 그렇다면 일본인 여성과 결혼을 해야 했다. 수소문을 해서 어떤 일본인 여성과 선을 볼 기회가 있었다.

가장 큰 문제는 내가 일본어를 전혀 못한다는 사실이었다. 일단 의사소통이 안되는 데다 직업이 불안정하고 무엇 하나 내놓을 것이 없었던 나는 바로 퇴짜를 맞았다.

결국 일본에 자리잡아 보려던 계획은 접기로 했다. 비자 기간 6개월을 넘겨 불법체류자로 일할 수도 있었지만 법을 어기고 싶지는 않았다. 결국 6개월 만에 한국에 돌아와 고향집에 와 있는데 이미 서울과 오사카에서 도시생활을 충분히 맛본 나는 단조로운 시골생활이 답답해 미칠 지경이었다. 갑자기 미국에 가보면 어떨까 싶었다.

'그래 일본 보다는 미국이 더 나을 것 같은데…. 미국에 한번 가보면 어떨까. 땅이 넓고 인구도 많으니 이곳이 성공할 수 있는 기회가 더 많을 것 아닌가.'

이번에도 사촌형께 간청해 도움을 받았다. 서류를 만들고 미국 비자신청을 했다. 당시 미국비자를 받으려면 미국 영사와 직접 인터뷰를 해서 무슨 목적으로 왜 가는지, 언제 돌아오는지, 은행 잔고는 여행하기 충분한지 모두 인정받아야 했다.

당시 비즈니스 비자로 다녀오는 것과 이민 비자를 받는 것 두 가지가 있었다. 나는 받기 쉬운 비즈니스 비자를 택했다. 마치 사업차 미국을 잠시 다녀오는 것으로 서류를 만든 것이다.

난 비자 인터뷰를 위해 일본에서 사온 휴대용 소니 카세트에 영어로 된 예상 질문과 답을 녹음해 놓고 열심히 듣고 또 들었다.

그런데 막상 광화문에 있는 미국 대사관에 가서 영사와 인터뷰를 할 때는 카세트에서는 전혀 들어 보지 못한 질문이 나왔다. 영어발음도 빨라 무슨 말을 하는지 조금도 이해할 수 없었.

완전히 동문서답을 하다가 갑자기 내가 일본에서 6개월 있다가 왔다고 말하면 비자 받는데 유리할 것 같았다. 그래서 뜬금없이 물어보지도 않은 말을 했다. 영어로 미리 외어 놓은 말이었다.

"저는 얼마 전 6개월간 일본에 가 있었습니다. 그곳에서 일도 하면서 비즈니스를 잘 하고 돌아왔습니다."

그러자 영사는 어이없다는 표정을 지으며 갖고 있던 내 서류를 바닥에 털석 내려 놓았다. 비자 인터뷰를 한 몇 분간이 내겐 10년 정도로 느껴질 정도로 길고 길었다. 당연히 비자는 퇴짜를 맞고 거부되었다.

한번 거부된 비자는 재신청해도 또 거부된다는 것이 일반적이었다. 당시 미국에 가려는 사람이 주변에 무척 많았다. 한국이 살기 팍팍하니 기회의 땅 아메리칸 드림을 꿈꾸는 사람이 많았던 것이다.

그런데 한국인들은 비즈니스 비자를 받아 막상 미국에 가면 비자 기간을 넘겨 불법체류하는 사람들이 많았다. 이 때문에 미국 대사관에서 비자발급을 얼마나 까다롭게 심사하는지 몰랐다.

나는 오기가 생겼다. 다시 서류를 만들어 대사관에 재신청을 하기로 했다. 이번에는 서류준비에 정성을 많이 쏟았다. 일본에서 일한 기록을 영문으로 번역해 추가했고 사촌형 친구에게 부탁해 회사 재직증명서도 영문으로 잘 만들었다.

인터뷰 당일 아침 일찍부터 대사관에서 순서를 기다리는데 오전에도 이름을 부르지 않아 나를 긴장하게 만들었다. 기나긴 줄이 점점 줄어 들더니 오후 3시 반이 되어서야 내 이름을 불렀다.

가슴을 졸이며 면접관 앞에 앉았는데 영사는 내가 준비한 서류를 꼼꼼하게 들여다 보았다. 그리고 한참 만에 "OKEY"하며 통과시켰다. 인터뷰없이 서류만으로 바로 통과가 된 것이다. 대사관을 걸어 나오는 내 발걸음이 날아갈 것 같았다.

나는 바로 이 때를 내 인생에 첫 번째 별을 딴 것이라고 믿고 있다. 희망이 보이지 않던 시절, 내 음울했던 20대 청년기에 새로운 인생의 도전을 시작했고 이제 그 첫 관문을 통과한 것이다.

그런데 나의 미국행은 또 다른 난관이 나를 기다리고 있었다. 나는 우리 집안의 장남이고 집안을 책임져야 하는데 머나 먼 미국에 가서 생활하겠다는 내 생각에 대해 아버님이 거세게 반대하신 것이다.

집안 재정을 쥔 아버지가 내가 미국에 갈 항공료를 주셔야 하는데 난감했다. 가서 정착해 완전히 사는 것이 아니고 돈만 벌어 오겠다고 해도 단호하게 안 된다고 하셨다.

난 다시 어머니를 설득하는데 주력했다. 한국에서 내가 할 수 있는 것이 무엇이 있느냐며 미국에서는 뭐든 열심히만 하면 성공하는 곳이니 자리를 잡아 동생들 공부시키고 집안도 일으키겠다고 했다.

어머니도 내 생각에 공감해 주셔서 아버님과 크게 다투신 후 결국 이기셨다. 나 대신 대리전을 치러주신 어머니가 너무나 감사했다.

당시 미국가는 비행기편은 노스웨스트 항공 하나 뿐이었다. 일본을 거쳐 가는데 항공료가 무척 비쌌다. 결국 우리 집에서 가진 땅을 일부 팔아 비행기값을 마련했을 정도였다.

그런데 미국행 비행기를 타기 전 날, 나를 응원해 주고 미국행을 도와 준 사촌형이 갑자기 돌아가셨다. 원래 폐결핵이 있었는데 빠르게 악화되어 37세의 젊은 나이에 세상을 떠난 것이다.

얼마나 슬프고 눈물이 나던지 빈소에 달려가 밤새도록 울었다. 다음날 눈이 퉁퉁 부은 채로 김포공항으로 나가야 했다. 당시는 비행기 탑승을 연기하거나 바꾸는 시스템이 없었고 미국에 마중 나올 사촌형 친구와도 이미 연락이 된 상태라 형님 장례식을 다 치르지 못하고 떠나는 발걸음이 무척이나 무거웠다.

1976년 2월 초순, 겨울 추위가 한창일 때로 기억된다. 노스웨스트 비행기 좌석에 앉은 나는 다가올 미래에 대한 불안과 기대가 얽혀 마음이 착찹했다. 내가 여비로 가져가는 돈은 비행기표를 사고 남은 돈, 겨우 160불이 전부였다.

더구나 형님이 돌아가셔서 내가 미국에 도착해 도움을 받아야 할 사촌형 친구들이 나를 과연 신경써서 계속 도와줄지 그것도 걱정이었다.

아버님의 임종도 못 지킨 불효자

노스웨스트 비행기가 미국을 향해 태평양 상공을 지나고 있었다. 그렇지만 내 마음은 시간이 흐를수록 좌불안석에 불안초조 그 자체였다. 두려움도 거세게 밀려왔다. 새로운 세계에 도전을 한다고 미국 비자를 받았지만 난 사실 영어를 전혀 못했다. 그저 '예스'와 '노', '생큐' 등 기본적인 몇 마디 밖에 몰랐다.

노스웨스트 비행기는 일본 오사카 공항을 거쳐 다시 시애틀을 경유한 뒤 워싱턴 공항에 나를 내려 놓았다. 입국시 혹시 일본말을 하면 빨리 통과시켜줄까 하여 일본어 몇 마디를 했는데 직원이 일본인 통역을 데리고 오는 바람에 망신만 당하고 말았다. 그래도 손짓 발짓하며 세관을 통과해 마중나온 사촌형 친구를 만났으니 다행이었다.

일단 그 형님의 집이 있는 버지니아 알링톤이란 도시로 가기 위해 차를 타고 이동했다. 알링톤에 도착해 보니 내가 직업을 구할 만한 마땅한 일이 없었다. 아니 일이 없는 것이 아니라 영어를 못하니 대화가 안 돼 직업을 구할 수 없었다.

그리고 내가 도움을 받는 사촌형 친구는 사촌형이 이민 비자를 받아 미국으로 보내준 터라 내게 신세를 갚는 셈이었다. 그런데 형이 돌아가시고 말았으니 나를 도와 줄 연결고리가 사라져 버린 셈이었다.

미국도 결국 비자가 있어야 하는데 영주권을 가진 여성과 결혼을 하는 것이 제일 빠른 경우였다. 당시만 해도 보수적이라 내가 미국인과의 국제결혼은 꿈도 꾸지 않았고 형 친구가 미리 미국에 와서 자리를 잡은 간호사 등과 선을 주선해 보았지만 내 처지가 처지인 만큼 여기서도 번번히 퇴짜를 맞았다.

영어도 못하고 돈이 있는 것도 아니고 직업도 없는 내가 비자 때문에 결혼하겠다고 하는 자체가 무리였다. 주눅만 잔뜩 들어 있다가 한국인이 그나마 좀 있는 대도시 뉴욕으로 가는 것이 좋겠다는 결론이 났다.

3주 만에 다시 알링톤에서 뉴욕행 그레이하운드 버스를 탔다. 미국은 그레이하운드 버스가 거미줄처럼 연결돼 도시와 도시를 연결시켜 주는데 워낙 땅 덩어리가 커서 먼 지역은 며칠씩 버스를 갈아타며 가기도 했다.

대도시 뉴욕으로 가는 내 마음은 설레긴커녕 또 두려웠다. 날자도 잊혀지지 않는다. 유난히 추운 날씨였던 1976년 2월 28일이었다. 6시간 정도를 달렸을까 밤 9시경 맨해튼에 뉴욕 종합버스터미널에서 내렸다. 뉴욕의 매서운 겨울바람이 을씨년스럽게 나를 반겨주고 있었다.

버스터미널 공중전화 박스에서 뉴욕에 사는 사촌형 친구에게 전화를 걸었다. 그런데 흑인 청년이 내 곁에 슬그머니 오더니 전화기에서 연결이 안되어 떨어지는 25센트짜리 동전을 잽싸게 채어갔다. 얼마나 놀랐는지 간담이 서늘했다. 가진 돈 다 내놓으라고 강도를 당하지 않은 것만도 다행이었다.

어떻게 간신히 형 친구집을 찾아가 눈칫밥에 새우잠을 자고 취직을 알아보기 시작했다.

그나마 발이 넓은 형 친구(김정도)가 뉴욕에서 한국식당을 하는 분을 알아 이곳에 취직할 수 있도록 연결해 주었다. 참으로 고마웠다. '호심'이란 한국 식당에 취직할 수 있었던 것이다.

미국의 대표적인 도시 뉴욕, 이곳 뉴욕에서도 맨해튼은 뉴욕 속의 뉴욕에 속한다. 1년 내내 관광객이 끊이질 않고 역사와 문화가 살아 숨쉬는 멋진 도시다.

내가 한국 음식점에 취직한 것은 영주권을 취득하는데 식당이 제일 빠르다는 이야기를 사촌형에게서 들었기 때문이다. 6개월만 일하면 영주권이 나온다는 것이었다. 그러나 이것은 잘못된 정보였다.

나는 이 한식당 호심의 접시닦이로 출발했다. 영어를 못해도 할 수 있는 이 접시닦기는 당시 아시아계 불법이민자들이 대부분 낮은 임금을 받으며 하는 일이었다. 이 때만 해도 스페니쉬들이 미국으로 대거 몰려오기 전이었다.

뉴욕 맨해튼 44번가에 있는 호심은 좋을 호(好)에 마음 심(心)으로 '좋은 마음 즐거운 마음으로 손님을 모신다'는 뜻이다.

지금은 뉴욕에 셀수 없을 정도로 많은 한국식당이 있지만 1976년 이 때는 뉴욕 전체에 한식당이 이 '호심'과 '아리랑', '삼복' 단 세 곳 뿐이었다.

내가 취직한 호심은 평범한 한국메뉴를 파는 식당이었는데 장사는 비교적 잘되었다. 난 접시닦기와 청소 등 허드렛일과 눈치껏 주방보조를 하는 것이 주업무였다.

청소는 화장실도 해야 했는데 하루에도 서너번은 가서 고약한 냄새를 맡으며 청소해야 했다. 한번은 청소하다 미끄러져 벽에 어깨를 세게 부딪쳤는데 얼마나 아팠는지 저절로 눈물이 왈칵 쏟아졌다.

당시 호심 주방장은 1964년과 1965년 뉴욕에서 열린 세계박람회에 한국음식을 소개하는 대표 요리사로 왔다가 아예 눌러 앉아버린 경우였다. 한국에서 대표로 뽑혀서 온 요리사니 한식 요리솜씨는 가히 최고라고 해도 과언이 아니었다.

뉴욕시가 생긴 지 200주년을 기념해 열린 이 뉴욕세계박람회는 61개 나라가 참여했는데 한국도 한국관을 열고 한국의 문화와 음식, 공산품을 선보였었다고 한다.

당시 이 주방장의 나이가 60세 정도로 제법 많았다. 미국에 온지도 10년이 넘었으니 관록도 있어 보였다. 주방장은 접시닦이로 들어와 어리병병해 하는 나를 얼마나 호되게 다루는지 뒤에서 서러움의 눈물을 찔끔거린 적이 한 두번이 아니었다.

식당에서 주문을 받고 음식을 나르는 웨이츄레스는 뉴욕에 와 있는 회사 주재원이나 대사관 직원의 부인들이 주로 와서 파트타임으로 일했다. 한국에서 남편이 이 정도 직업이라면 집에서 살림만 할 텐데 미국은 생활비가 녹록치 않아 부인도 함께 맞벌이를 해야 애들 교육도 시키고 집세도 낸다고 했다.

좌충우돌 식당일을 배우는 가운데 정신없이 한 주가 흘러갔다. 주인이 수고했다며 내 앞으로 봉투를 쑥 내밀었다. 한국은 월급인데 미국은 주급을 주는 것을 난 모르고 있었다. 봉투를 열어보니 무려 90불이 들어 있었다.

나로서는 불과 일주일에 90불이란 큰 돈을 받는다는 것이 믿어지지 않았다. 이 돈은 당시 한국돈으로 바꾸면 한국식당에서 같은 일을 해서 받는 한 달 봉급보다 많았다.

미국이 기회의 땅이라더니 정말이었다. 이렇게 단순한 일을 해도 한국의 넥타이 맨 회사원 보다 더 월급을 많이 받을 수 있다니 신기했다. 한국에서는 첫 월급을 타면 부모님께 다 드리거나 내복을 사서 선물하는 것이 떠올랐다. 이 돈을 한 푼도 쓸 수 없었다.

땅을 팔아 아들을 미국에 보내준 아버지께 장문의 감사편지를 쓰고 주급 한 달 분을 모아서 한국으로 보냈다.

그런데 다시 한 달 후인가 친구에게서 온 답장에 청천벽력과 같은 소식이 들어 있었다. 아버지가 돌아가셨다는 것이다.

내게 연락을 못한 이유는 여러가지가 있었다. 우선 내가 연락이 되어 한국에 오더라도 장례식이 끝난 후에나 도착했고, 이 경우 비자 때문에 미국에 돌아가는 것도 포기해야 했다. 당시는 편지를 써도 일주일 이상 보름까지 걸렸고 내 전화번호를 알 수도 없었을테니 연락을 하고 싶어도 못했을 수도 있었다.

아버님의 소천 소식에 눈물이 계속 흘러나왔다. 장남인 내가 아버지의 임종도 지키지 못하고 장례식도 참석을 못하다니 너무나 불효를 저질러 죄송하고 한스러웠다. 더구나 내가 보낸 첫 봉급의 달러도 받지 못하시고 돌아가신 것이 내내 마음에 걸렸다.

그러나 아버지께 불효는 했어도 후일 내가 미국에서 자리를 잡은 후 어머니와 동생들을 거의 다 초청해 자리 잡도록 도움을 주었으니 장남의 도리는 한 것이라 여기며 마음의 위안을 삼고 있다.

접시닦기에서 세컨쿡으로

한국식당에서 접시를 닦으며 보니 나와 주방장의 주급이 엄청난 차이가 있었다. 그런데도 주인이 오히려 주방장의 눈치를 보며 기분을 맞추는 것이 나로서는 참 이상했다.

그러나 시간이 지나면서 음식점은 결국 판매 음식을 책임지는 주방장이 최고라는 사실을 알게 되었다. 따라서 나도 빨리 요리를 배워 주방장이 되어야 한다는 생각을 하게 되었다. 그래서 접시를 닦고 청소를 하면서도 언제쯤 내가 요리를 배울 수 있을까를 늘 생각했다.

그런데 주방장은 내가 요리하는 것에 관심을 가질만한 여유나 틈을 주지 않았다. 이제 막 들어온 햇병아리는 죽도록 설거지와 청소만 하면 된다는 것 같았다.

미국 식당들은 점심식사가 끝나는 오후 2시 반부터 저녁식사 주문이 시작되는 5시까지 브레이크 타임이라고 쉬는 시간이 있었다. 이 때 청소도 하고 저녁영업 준비도 하지만 남는 시간에 커피를 마시거나 낮잠을 잤다. 밖으로 나가 산책도 하고 용무를 보기도 했다.

매사에 부지런했던 나는 내 할 일을 다 하고도 더 할 일이 없는지 이리 저리 식당 안을 기웃거렸다. 난 가만히 쉬는 것이 체질에 맞지 않았다. 재빠르기로 소문이 난 나였다. 그래서 식당 곳곳을 다니며 어디에 무엇이 있고 재고가 얼마나 있는지를 머리 속에 잘 파악해 두었다.

식당에서 쓰는 음식 재료와 비품은 모두 지하 창고에 있었다. 난 이 브레이크 타임에 창고에 내려가 하나하나 정리를 하면서 어디에 뭐가 있는지를 머리 속에 지도를 그리면서 잘 익혀 두었다. 식당의 모든 비품과 음식재료가 어디 있는지 며칠 만에 암기가 되었다.

그러다 보니 식당에서 주인이나 주방장이 뭐가 필요한데 찾지 못하면 내가 알아서 척척 갖다 주었다. 그러자 이제 막 들어온 친구가 기특하다는 표정이었다. 재고도 떨어질 만하면 내가 미리 주문해야 한다고 말하고 시키지도 않은 일들을 찾아서 열심히 하니 금방 모든 직원들이 나를 좋아했다.

식당 막내였지만 싹싹한 성격에 일도 재빠르게 잘하고, 얼굴도 당시 인기 영화배우였던 이소룡(브루스 리) 닮았다며 식당 웨츄리스 한국 아줌마들이 귀여워해 주었다. 동생에 조카에 또 누구 누구를 소개해 주겠다고도 했다.

식당에서 내 주업무인 접시를 닦는 동안 바로 내 뒤편에서는 주방장과 보조요리사가 손님이 주문한 요리를 그 자리서 척척 만들어 냈다. 그 요리하는 것이 신기해 잠시 쳐다보고 있으면 '한 눈 팔지 말고 네 할 일이나 열심히 하라'며 바로 퉁박을 주었다.

한번은 음식점에서 자다가 새벽 3시에 잠이 깬 뒤 다시 잠이 오지 않았다. 그래서 이곳 저곳 청소를 하다 곰탕을 끓이는 가마솥이 얼마나 오래됐는지 밑이 새카맣게 그을어 있었다. 솥 주변의 때도 덕지덕지 했다. 나는 가스불을 끄고 달이던 곰탕국을 다른 대형 그릇에 옮긴 뒤 철 수세미와 세제로 가마솥을 땀이 흘러내릴 정도로 열심히 다 닦았다. 가마솥 검은 때를 다 벗겨내니 내가 다 시원했다.

그리고 다시 곰탕을 옮겨 놓았다. 그런데 이날 아침에 난리가 났다. 난 사장과 주방장에게 잘했다 칭찬받을 것으로 생각했는데 그 정반대였다. 시키지도 않은 일을 했다고 호되게 야단을 맞았던 것이다.

그 이유가 곰탕은 계속 끓이는 장소에 계속 연결이 되어 끓여야 그 맛이 유지된다고 했다. 일본의 경우도 오뎅을 파는 전문집은 국물을 끓이는 솥을 수십년째 그대로 쓰며 같은 맛을 유지한다고 한다. 내가 너무 열심히 하려다가 빚어진 실수였다. 정말 다음날 판 곰탕 맛은 전날과 달랐다.

주방장은 뭔가 마음에 들지 않으면 무거운 후라이펜으로 내 등짝을 때리거나 튀김을 건지는 긴 젓가락으로 옆구리를 쿡쿡 쑤시는 등 참기 힘들 정도로 나를 괴롭혔다. 이 때마다 자존심이 크게 상했지만 나로서는 참는 것 밖에 다른 대안이 없었다.

한번은 별다른 것도 아닌 일로 주방장이 또 나를 괴롭히는데 도저

미국에 도착한 초기 시절의 김유봉 장로. 쉬는 날이면 음악을 즐겨 들었다.

히 참기가 힘들었다. 머리 끝까지 화가 나 주방장을 향해 그냥 안 두겠다고 하면서 날카로운 주방도구를 들고 세게 대들어 버린 적이 있었다. 짤려도 좋다는 생각으로 세게 덤볐는데 주방장도 이런 내 모습에 좀 놀란 눈치였다. 그 이후로 나를 대하는 태도가 좀 누그러졌다.

난 접시를 닦으면서 눈으로라도 요리하는 법을 빨리 익히고 싶은데 보는 것도 못마땅하게 여기니 혼자 한참 고민을 하다 아이디어가 순식간에 떠올랐다.

접시를 닦는 싱크대 위 내 눈높이에 맞도록 길에서 주운 자그마한 손거울을 본드로 붙인 것이다. 그 거울을 보면 접시를 닦으면서도 내 뒤 주방에서 요리하는 모습이 잘 보였다.

내 손은 빠르게 접시를 닦고 있지만 눈은 거울로 가서 주방장이 메뉴별로 음식을 만들어 내는 순서와 방법을 챙겨 보았다. 양념을 넣는 것과 어느 정도 시간을 끓여 내는지도 머리 속에서 재어 보곤 했다. 한식의 레시피를 머릿속에 차곡차곡 정리해 두기 시작한 것이다.

준비된 자에게는 반드시 기회가 오게 되어 있다. 어느 날 이야기도 없이 주방장이 식당에 나오지 않아 버렸다. 주인과 임금 문제로 다투었는지 이른바 주방장이 일본말로 '곤조'를 보인 것이다.

이날 따라 손님은 밀려오는데 쩔쩔매는 상황에서 내가 요리를 한 번 해보겠다고 나섰다. 그리고 보아온 순서대로 요리를 하기 시작했다. 음식을 만들어 내는 나를 보고 사장은 물론 모두들 깜짝 놀랐다.

내 요리가 주방장이 하는 만큼 맛있지는 않았겠지만 나쁜 평가는 받지 않은 것 같았다. 내가 만든 요리를 손님이 싹싹 다 비웠기 때문이다. 이 일을 계기로 난 주방장이 없을시 대타가 되었고 접시닦기와 청소보다 한 단계 높은 주방보조 즉 세컨쿡이 되었다. 접시닦이로 들어온지 불과 6개월 만이었다. 식당에서는 아주 빠른 진급이었다.

그런데 산 넘어 산이라고 했던가. 해도 표도 안 나고 지긋지긋했던 접시닦이와 청소 대신 드디어 주방보조가 됐는데 막상 해보니 이 보조일도 결코 만만한 일이 아니었다.

주방장은 내게 주로 야채와 고기썰기 등 기본재료를 만들어 두는 일과 생선 다듬기 등을 시켰다. 그런데 자칫 방심하면 날카로운 칼날에 손이 베이곤 했다. 반창고를 붙이고 있는 날이 없는 날보다 더 많았다. 그러나 나도 주방장이 되겠다는 목표가 있었기에 솜씨 좋은 주방장의 요리기술을 열심히 눈치껏 배웠다.

　이 때 배운 여러 한식 중에서도 내가 제일 잘 만드는 것이 곰탕이었다. 곰탕 가마솥을 닦아 혼난 아픈 기억도 있지만 어느날 주인이 내게 곰탕을 맛있게 한 번 끓여보라고 시켰는데 내가 만든 곰탕 맛을 본 주인이 극구 칭찬을 해주는 것이었다.

　칭찬은 고래도 춤추게 한다고 했다. 칭찬을 받고 나니 더 신이 나서 곰탕맛 내는 연구에 몰입했다. 어느새 나는 호심에서 곰탕을 제일 잘 끓여 냈고 이것이 내 곰탕 인생 40년 역사의 첫 단추를 꿴 것이었음을 이 때는 전혀 모르고 있었다.

맞선 31일만에 올린 초스피드 결혼식

식당에서 인정을 받고 열심히 일했지만 내겐 큰 숙제거리가 있었다. 비자 만료기간인 6개월이 지나버려 불법체류자가 된 것이다. 식당에서 일하면 비자 받기가 쉽다고 들었는데 그것은 주인이 나서서 변호사를 통해 행정적으로 처리를 해 주어야 했다. 돈이 많이 드는데 이것을 주인에게 요구할 만한 내 처지나 상황이 아니었다.

그래서 내가 합법적으로 미국에 거주하려면 이 역시도 영주권을 가진 여성과 결혼을 하는 것이 가장 빠르고 쉬웠다. 그러나 불법체류자가 영주권을 가진 여성과 결혼한다는 것은 현실적으로 어려웠다. 무엇보다 이 때만 해도 한인교포들이 뉴욕에 많지 않았다.

이미 엘링턴에서 선을 보아 퇴자를 맞은 나는 중매에 주눅이 들어 있었다. 식당에서도 내가 계속 필요하다고 여겼는지 주인도 결혼을 나서서 도와주려고 했다.

하루는 주방에서 열심히 접시를 닦는데 잠시 홀로 나와 보라고 했다. 내가 좀 알고 친구처럼 지냈던 이가 신부감을 내게 소개한다고 했는데 바로 이날 대상자를 데리고 불쑥 일하는 식당으로 나를 찾아온 것이다. 내가 바쁘니 식당에서 맞선을 보라고 배려한 것 같았다. 신부는 나이가 나와 같다고 했다.

주방에서 맞선 여성을 데리고 왔다는 이야기를 듣는 순간 얼마나 부끄러운지 쥐구멍에라도 들어가고 싶었다. 앞치마를 두르고 있는 내 모습이 초라하고 창피했다. 바쁘다는 핑계로 한참이나 머뭇거리다 재촉을 받고서야 주방에서 나왔다.

고개를 푹 숙인 채 중매자와 소개받는 여성이 앉아 있는 식당 테이블로 가서 마주 앉았다. 모기소리만하게 "김유봉 입니다"라고 한 뒤 고개를 계속 들지 못했다. 부끄러워 신부감 얼굴도 제대로 쳐다보지 못했다.

집안도 신통찮고 학력도 신통찮고 동생들만 많은 내가 현실적으로 내세울 것이 아무것도 없었다. 정말 속된 말로 뭐 두 쪽 밖에 없는 내 처지였다.

갑작스레 이뤄진 선 아닌 선 자리에서 몇 마디 대화는 한 것 같은데 거의 내 정신이 아니었다. 맞선은 결국 신부감 얼굴도 제대로 보지 못한 채 싱겁게 끝났다. 그냥 체구가 아담하고 목소리가 차분하다는 느낌만 받았을 뿐이다.

그런데 식당 동료들이 난리였다. 신부가 아주 예쁘니 꼭 잡으라고

1977년 일하던 음식점 점심시간을 이용해 올린 결혼식

한마디씩 했다. 갑자기 한국 속담인 "열 번 찍어 안 넘어 가는 나무가 없다"는 말이 생각났다. 오기가 생겼다.

내가 수동적으로 처분만 기다릴 것이 아니라 적극적으로 나서보자는 생각이 들었다. 난 내성적인 성격이지만 파고드는 추진력은 있는 편이었다. 끝장을 본다고 할 정도로 밀어붙이는 데가 있다.

이 때 부터 나는 중매한 친구에게 박송현이라는 이름의 맞선 여성이 너무 마음에 든다며 잘 연결해 달라고 열심히 매달리기 시작했다.

그리고 시간 나는 대로 나는 그녀에게 데이트를 신청했다.

내가 예상한 대로 상대는 나를 별로로 보았다. 당시 내 체구가 너무 마른데다 조건도 나쁘고 마음에 드는 구석이 하나도 없었던 것이다. 너무 수줍어 했으니 박력도 없어 보였을 것이다. 그런데 내가 적극적으로 만나자고 하고 열심히 구애를 하니 조금씩 흔들리기 시작했다.

당시 그녀는 언니의 초청으로 어머니와 정식으로 이민온지 1년이 좀 넘었고 직장을 얻어 자리를 잡은 상태였다. 그리고 독실한 크리스천이었다. 이런 그녀가 나를 선택해 준 것은 오직 신앙의 힘이자 내겐 하나님의 은혜로만 해석이 가능하다.

도저히 맺어지기 힘들었던 우리가 맺어지기까지 사연을 아내가 기독교방송에서 간증한 적이 있다. 방송내용을 그대로 옮겨보면 아내의 당시 상황이 그대로 드러난다.

"저는 신앙생활을 하면서 배우자를 놓고 늘 기도해왔습니다. 남자나 여자나 긴 인생을 살면서 배우자를 잘 만나야 한다고 여겼기 때문입니다. 그런데 이 배우자를 인간의 눈이니 잣대로 보는 것은 한계가 있고 결국 기도해서 하나님이 허락하시는 배필이란 확신을 가지는 것이 가장 정확할 것이라고 믿었습니다.

한국에 있을 때 기도원에 가서 배우자를 위해 기도하는데 미국에 이민가면 배필을 만나게 될 것이란 응답을 받았습니다. 저는 하나님이 배필을 정해 주시지 않으면 독신으로도 살 수 있다고까지 생각했거든요.

미국에서도 신앙생활을 열심히 했고 1년 만에 교회집사님 한 분이 중매를 서겠다고 해서 따라 나가 만난 분이 바로 김유봉 장로입니다. 당시는 김 장로가 교회도 안 다녔습니다. 사실 마음에 드는 부분이 거의 없었지만 만나자마자 얼마나 열심히 저를 쫓아 다니는지 아주 적극적이었습니다.

그리고 눈치가 빨라 제가 필요한 것이나 했으면 하는 것을 재빨리 알아채서 척척 해주는데 "내가 저 사람이랑 결혼하면 최소한 내 비위는 잘 맞추어 속 터지는 일은 없겠다"란 생각이 들면서 마음의 문이 조금씩 열렸습니다.

그런데 갑자기 제가 배우자를 놓고 기도할 때 '정말 하나님이 주신 배우자가 맞다면 저를 죽자 살자 따라 다니게 해 주세요'라고 기도했던 것이 생각났습니다.

사실 그 전에 선을 본 남자들이 제법 있었는데 대부분 은근히 자신을 과시하고 가부장적인 태도를 보여 마음에 안 들었었습니다. 그런데 김 장로는 달랐습니다. 그래서 결혼을 결정하면서 제가 내건 조건은 딱 한 가지 "결혼하면 교회에 열심히 다니며 신앙생활을 함께 잘 한다"였습니다. 그는 이 조건을 쾌히 승낙을 했습니다.

인간적인 눈으로 보면 남편을 선택할 수 없었지만 신앙의 눈으로 또 응답의 결과로 받아들여 결혼을 했던 것입니다. 그것은 내가 결혼을 함으로써 한국으로 추방될 수도 있는 한 남자가 미국에서 합법적으로 지낼 수 있도록 도울 수 있고 여기에다 한 영혼을 주님께로 인도하는 일도 되기에 결단을 내린 것입니다."

이런 아내의 이 간증대로 난 아내를 만나 기독교 신앙을 알게 되었고 그 신앙의 힘으로 오늘까지 살아왔다. 늘 아내가 나와 식당, 자녀들을 위해 눈물 뿌려 기도했기에 오늘의 모든 것이 이루어질 수 있었다.

당시 아내는 김용주 목사님이 담임하는 뉴저지 포터리 한일교회를 다녔다. 당시 김 목사님은 42세였는데 우리의 만남을 축복해 주면서 결혼식 주례를 서 주기로 하셨다.

그러나 가난한 우리 부부는 결혼식장을 빌릴 돈도 없었지만 계속 일을 해야 해 휴가를 낼 수도 없었다. 그래서 생각해 낸 결혼식이 내가 일하는 식당 호심에서 주일날 주변 친한 몇 사람만 초청해 결혼식을 올리기로 했다. 12시부터 식당 문을 열어야 하니 11시에 결혼식을 올리기로 했다.

결혼식을 앞두고 웃지 못할 에피소드가 있다. 아내가 결혼식에 입을 웨딩드레스를 맞추는데 드레스숍에서는 무려 400불을 달라고 했다. 우리에겐 너무나 큰 돈이라 망설였는데 누가 싼 곳이 있다길래 알아보니 95불에 맞추어 준다고 했다.

결혼식 며칠 전 식당이 끝난 후 이 싼 웨딩드레스를 맞춘 곳으로 버스를 타고 가서 겨우 드레스를 찾았다. 그런데 돌아오는 버스 안에서 졸다가 드레스를 두고 내리고 말았다. 다음날 버스회사를 찾아 수

소문한 뒤에야 간신히 드레스를 다시 찾을 수 있었다. 하마터면 웨딩 드레스 없이 평복으로 결혼식 할 뻔한 아찔한 순간이었다.

1977년 5월 1일. 아내를 만나 선을 본지 불과 31일만에 갖는 초스피드 결혼식이 시작됐다. 식당의 의자를 옆으로 밀어 공간을 마련한 뒤 신랑 입장과 신부 입장, 주례사 등 격식은 다 갖추었다.

주례를 맡은 김용주 목사님은 주례사를 통해 "예수 잘 믿고 늘 하나님께 영광돌리며 갑절의 복을 받는 가정이 되라"는 축복의 말씀을 주셨다.

한국에서 경제적으로 힘든 사람들이 사과궤짝 위에 냉수 한 사발 올려놓고 백년가약을 맺었다고 한다. 나 역시 미국에서 예식장이 아닌 근무하는 식당에서 빈 시간을 이용해 빠르게 했으니 돌이켜도 아내에겐 참 미안한 생각이 든다.

일가친척 하나 참석하지 못한 초라한 결혼식이었지만 우리 부부는 마냥 행복했다. 신혼여행은 꿈도 꾸지 못했다. 그래도 난 결혼의 큰 수혜자가 되었다. 미국 체류가 이제 합법적이 된 것이다. 아내가 정식 이민을 와 영주권이 있었기에 그 배우자도 영주권 자격이 함께 주어져 불법체류자의 딱지를 벗을 수 있었다.

우리 부부는 매달 월세 90불을 내는 원룸 아파트에서 신혼생활을 시작했다. 결혼을 하니 책임감이 생기며 더 열심히 일해야 했다.

여전히 식당일은 고되고 힘들었다. 하루종일 서서 일하는데다가 저녁손님을 다 보내고 청소를 마치면 10시가 훌쩍 넘었다. 집에 도착하면 11시가 되었고 씻고 잠자리에 들기 바빴다. 남들은 쉬는 주말이 더 바쁘니 아내와 오붓하게 데이트 한번 즐길 수 없었다.

그렇지만 난 이 아내와의 결혼이 내 인생에 있어 가장 큰 축복이었다고 어디서나 자신있게 말한다. 아내의 신앙이, 아내의 믿음이, 아내의 헌신이 오늘의 나를 만들었다고 확신하기 때문이다.

테이블 3개의 5평 곰탕집

결혼 이듬해인 1978년, 첫 아이 민수를 낳았다. 미국은 보험을 들지 않으면 치료비가 엄청나게 비싸다. 영주권이 없고 보험도 없는 한국인들은 한국인이 운영하는 조산소에서 주로 아이를 낳았다.

당시 미국 뉴욕에서는 개인 의사에게 진찰을 받고 아이를 낳으면 남자아이가 500불, 여자아이가 400불이었다. 우리 부부에겐 너무 큰 돈이어서 엄두를 내지 못했다.

주급 90불을 받는 처지에 500불을 모아 병원 진료받는데 다 낸다는 것이 너무 아깝기도 했다. 같은 아이인데 병원에서 여자 보다 남자에게 비용을 더 받는지 지금도 이해가 되지 않는다.

아들에 이어 1979년 연년생으로 딸 엘리를 낳았다. 엘리도 만삭이 될 때까지 병원진료를 한번도 받지 않고 지냈다.

출산예정일도 정확히 모르고 있다가 아내에게 갑자기 진통이 왔다.

1979년 8월 20일, 새벽이었다. 급하게 아내를 차에 태우고 병원까지 30분 거리를 정신없이 달렸다. 아마 파란불 빨간불 신호도 무시하고 달린 것 같다. 그나마 새벽이라 차가 없어 다행이었다.

내가 간 곳은 뉴욕시립병원인데 병원에 거의 다 와서 양수가 터진 것 같았다. 응급실 당직 간호사가 뛰어 와 응급조치를 하고 산모를 이동침대에 태워 산부인과가 있는 9층으로 올라가는 엘리베이터를 탔다. 그런데 아내는 산부인과 분만실에 들어가기 직전, 엘리베이터 안에서 이미 딸 엘리를 낳았다.

사람들은 딸 엘리의 이름이 엘리베이터에서 탄생해 지은 것이라 오해하는 사람들이 많다. 그러나 우연의 일치일 뿐 일부러 맞춘 것은 전혀 아니다.

응급상황이라 아내가 산부인과에 입원한 뒤 출산에 따른 기본적인 처치는 받았는데 이번엔 병원 측에서 아주 난감한 표정을 지었다. 아내가 이곳 병원에 한 번도 온 기록(챠트)이 없어 입원이 안 된다는 것이었다. 그리고 의료보험도 없고 병원비를 낼 만한 처지도 아닌 것 같아 보였는지 정식 입원을 안 시키는 것 같았다. 미국은 보험이 되지 않으면 치료비 및 수술비가 엄청나게 비싸다.

할 수 없이 아내는 이런 상황에 경험이 있는 주변의 조언을 받아 남편이 함께 살다 도망을 가 버려 이제 병원에서 안 받아주면 갈 곳이 없다고 사정을 하게 했다. 편법을 써야 하는 가슴 아픈 현실이었는데 당시로서는 어쩔 도리가 없었다. 결국 병원에서 사정을 봐주어 아내는 병원에서 며칠간 지내며 산후조리를 잘 받고 퇴원할 수 있었다.

이렇게 많은 이야기 꺼리를 만든 엘리가 지금은 2남 1녀의 엄마가 되어 있다. 세월이 정말 빠르다. 앞서 낳은 아들 민수도 딸 둘의 아버지로 사회인으로 잘 성장해 제 몫을 하며 바쁘게 지내고 있다.

1979년은 딸 엘리의 탄생 외에도 내게 또 다른 의미가 있는 해라고 할 수 있다. 그동안 남의 밑에서만 일하다가 스스로 식당을 차려 독립을 한 것이다.

그동안 우리 부부는 정말 열심히 일을 했지만 돈은 모으지 못했다. 아이 둘을 키우는데 들어가는 돈도 만만치 않았고 집세며 기본적으로 써야 하는 생활비도 적지 않아 늘 허덕였다.

식당에서 일하는 주급을 받아 단돈 1센트도 허투루 쓰지 않았지만 예금이 모이지 않았다. 이렇게 3년 동안 열심히 일해도 원점이었기에 나도 한번 내 가게를 가져 직접 식당을 운영해 보면 좋겠다고 생각한 것이다.

그래서 맨해튼 27번가에 5평 정도 가게를 얻을 수 있었다. 작은 주방에 테이블 3개만 들어가는 정말 작은 식당이었다. 권리금 1만불을 주고 빌려야 했는데 내가 다니는 한일교회 김용주 목사님이 2,000불을 빌려 주시고 아내가 꼬깃꼬깃 모은 비상금 2,000불에 나머지 6,000불은 모기지로 했다. 나는 이곳에 '곰탕집'이란 단순한 간판을 걸고 한식전문 음식점으로 운영을 시작했다.

교포들이 보통 한식당에 오면 가장 쉽게 먹을 수 있는 것이 곰탕이다. 고향생각도 나게 하는 음식인데다가 깍두기 국물을 넣고 밥을 말아 한 그릇 뚝딱 먹으면 배가 든든하다고 했다. 더구나 가격이 싼 것도 가장 큰 매력이었다.

당시 이민 온 한인이나 유학생이나 모두가 주머니가 넉넉지 않아 곰탕은 인기 메뉴가 될 수밖에 없었다. 그리고 곰탕을 파는 입장에서도 곰탕 식재료가 미국에선 싼 편이라 원가가 많이 들어가지 않았다.

전에 근무했던 식당에서 일하며 곰탕 레시피를 잘 알고 있는 데다가 이미 주인으로부터 칭찬을 받은 음식이었다. 몇 번의 조리연구를 더 거쳐 나 나름대로는 제법 맛을 내는 곰탕을 내 놓을 수 있었다. 곰탕이 주메뉴이지만 쉽게 할 수 있는 한식도 몇 가지 추가해 구색을 맞추었다.

내가 문을 연 27번가 5평 식당은 사람들의 이동량이 많은 도로 번화가가 아니기에 가게 월세가 싼 지역이었다. 따라서 일부러 찾지 않으면 길가다 간판을 보고 오긴 힘든 위치였다. 그러다 보니 처음엔 하루에 곰탕 10그릇 팔기도 버거웠다. 곰탕 한 그릇에 3불씩 받았으니 하루 고작 30불에서 40불 정도 버는 셈이었다.

직원을 둘 생각도 못했고 점심시간에 아내가 나와 잠시 도와주는 정도였다. 토요일이나 되어야 외식 나온 한인들로 인해 평소 보다 배 이상 매상이 올랐으나 이것도 아주 잘되는 편이 아니었다.

음식점 운영은 장사가 되든 안 되든 문을 열고 손님을 기다려야 하는 것이 기본이다. 신선한 재료로 음식준비를 철저히 해서 언제 어떤 주문이 와도 바로 음식을 낼 수 있어야 손님의 기대에 부응하는 음식점이 되고 단골도 확보할 수 있다. 한결같은 맛과 서비스도 중요하지만 가격도 착해야 한다.

한쪽에서 곰탕을 계속 끓이면서 오지 않는 손님을 하염없이 기다리는 것도 참 지치는 일이었다. 손님이 많으면 아무리 바빠도 힘이 나는데 아침 일찍부터 준비를 시작해 오전 10시 반에 오픈을 하고 저녁 늦은 시간까지 12시간 넘게 일해도 내가 식당에서 받던 주급보다 못한 수입이 된다고 생각하면 맥이 쭉 빠졌다.

그래도 손님들이 오셔서 곰탕을 맛있게 드시면서 흡족해 하면 힘이 났다. 이구동성으로 왜 집에서 곰탕을 끓이면 이 맛이 안날까 의아해 하는데 사실 여기엔 비밀이 있다. 집에서는 어떻게 해도 우리 가게의 곰탕 맛을 낼 수 없는데 그 이유는 불의 강도에 있다. 우리는 아주 센 화력의 가스불에 곰탕을 끓이고 다시 화력을 줄이는 조절을 적절히 해 가면서 맛을 내기에 강한 불을 사용하지 못하는 가정집에서는 당연히 맛의 차이가 생기게 된다.

장사를 시작하면서도 나는 결혼 전 아내와의 약속대로 매주일 교회를 열심히 나갔다. 그런데 모처럼 하루 쉬는 주일날, 피곤해 잠을 푹 자고 싶은데 아내가 교회에 가자니 조금씩 마음이 변하기 시작했다. 목사 설교도 무슨 말인지 도무지 이해가 되지 않았다. 또 부흥회와 각 종 행사는 얼마나 많은지 이 모든 것을 꼬박꼬박 참석하는 아내가 잘 이해되지 않았다.

조금씩 꾀가 나 아내에게 핑계를 대고 주일을 슬그머니 빠지기 시작했다. 처음엔 일단 교회에 갔다가 빠져나와 차 안에서 밀린 잠을 자곤 했다. 그러다 나중엔 교회에 아내만 가라고 하고 집에서 쉬곤 했다. 더구나 새로 시작한 가게가 잘 되지 않고 겨우 현상유지 정도만 하는 것도 교회를 등한히 하는 계기가 되었다.

이런 나를 위해 신앙이 독실한 아내는 더 열심히 기도했다. '남편이 정말 예수 잘 믿고 주 안에서 성령으로 거듭나 믿음의 사람이 되게 해달라'고 언제나 기도했다.

당시 우리 가족이 살던 곳은 한인들이 많이 모여사는 퀸즈 플러싱 79번가에 있었고 원룸 아파트였다. 아이들은 장모님이 돌봐주시니 우리 부부는 새벽 5시에 집을 나섰다. 차로 30분 거리인 27번가 가게에 도착하면 아내는 문을 열기 전 내 손을 잡고 반드시 기도를 시작했다.

"사랑의 하나님. 오늘도 저희 부부에게 건강을 주셔서 식당에 일하러 나올 수 있게 해 주심을 감사드립니다. 이제 가게를 시작하는 시간입니다. 정성을 다해 음식을 만들게 하시고 오는 손님들에게 기쁨을 주는 가게가 되게 하여 주시옵소서. 지금은 종업원이 없는 작은 가게지만 나중에 주님이 주시는 갑절의 복을 받아 맨해튼 중심가에 내 건물을 갖고 뉴욕에서 제일 큰 한국식당을 운영하게 해 주실 줄 믿습니다. 남편에게 더 큰 믿음을 주시고 주님께 늘 충성하고 봉사하는 종이 되게 하여 주시옵소서. 식당의 주인이 하나님이심을 고백하는 믿음의 사람이 되게 하여 주옵소서. 예수님 이름으로 기도드렸습니다. 아멘."

사실 나는 아내의 순수하고 깨끗한 신앙, 하나님 앞에 바로 서고 하나님 일을 하겠다는 열정에 늘 감동을 받았다. 내가 신앙이 부족해도 아내의 신앙 열심에 은혜를 받곤 했던 것이다. 아내가 늘 기도로 모범을 보이고 믿음에 앞서 나감으로 결국 나를 장로가 되게 하고 오늘날까지 신앙인으로 살아오게 하는 힘이 되어 주었다고 생각된다.

그리고 앞서 아내가 간절히 기도한 내용이 후일 그대로 되었다. 뉴욕에서 제일 큰 한식당을 두 곳에서 경영하고 맨해튼 중심에 6층 건물도 소유했기 때문이다.

이렇게 교회생활을 등한히 하고 있던 내게 정신이 번쩍 드는 신앙의 전환점이 있었다. 결국 이것은 나의 믿음이 바로 서도록 간구해 온 아내의 기도가 마침내 응답된 것이라고 볼 수 있다.

나를 회심시킨 성령의 음성

내가 신앙적 회심을 통해 믿음이 바로 서고 성장하게 된 것은 한 부흥회를 통해서였다.

엘리를 낳고 열심히 곰탕집을 운영하던 무렵이었다. 장사도 잘 안되고 그나마 점심시간에 곰탕 몇 그릇 팔고 나면 오후에 잠시 쉬는 브레이크 타임(Break Time)이 금방 돌아왔다. 가게도 작고 음식준비도 간단해 저녁판매 준비도 쉽게 끝났다, 이러다 보니 브레이크 타임이 내겐 무료한 시간이 되었다.

이 때 우리 곰탕집 근처에 한국인을 주 고객으로 화교가 운영하는 한약건재상이 있었다. 중국산 인삼과 녹용, 약초와 차 등 다양한 건강식품을 팔았다. 사장이 나보다는 5-6살 정도 위인 것 같았고 한국에서 살다 왔는지 한국말도 자유로웠다.

나의 작고 답답한 가게 보다는 그 가게가 훨씬 커서 난 브레이크 타임이 되면 곧잘 그를 찾아가 이런 저런 이야기를 하면서 친하게 지냈다. 그 사장은 붙임성이 좋아 가게에 이런 저런 사람들이 많이 드나들었고 가게에서 처음 만나는 사람들끼리 소개도 해주곤 했다. 맨해튼에서 가게를 하는 한인 사장들의 사랑방이었다.

이때 뉴욕 맨해튼에는 차이나차운이 벌써부터 형성되어 상권을 상당히 차지하고 있었다. 주류사회에 진입은 못해도 꾸준히 중국인이 늘어가고 있는 추세였다. 돈이 많은 큰 부자도 하나 둘 생기고 있었다.

어느날 이 건재상에 놀러갔는데 내가 보기에도 멋지게 잘 차려입은 동양인 신사 부부가 이미 손님으로 와 있었다. 한 눈에 보아도 이 분들이 돈이 많고 성공한 사람처럼 보였다.

두 사람을 보니 '옷이 날개'라는 우리나라 옛 말이 맞는 것 같았다. 나도 눈인사를 하고 슬쩍 구석에 앉았는데 사장은 내게 같이 눈인사는 해도 나를 크게 반가워 하는 눈치가 아니었다.

잠시 후 또 다른 부부가 건재상으로 들어왔는데 이 부부 역시 잘 차려 입은 부부였다. 사장이 이들에게 코가 땅에 닿도록 인사를 하면서 얼마나 친절하게 환대 하는지 몰랐다. 역시 사람은 잘 차려입고 성공을 해야겠다는 생각이 절로 들었다. 그리고 이미 와 있던 부부를 서로 소개시키며 화기애애하게 서로 대화를 나누었다.

나는 여간 머쓱하지 않았다. 나도 손님인데 소개를 하긴 커녕 투명인간 취급을 하는 것이 느껴졌기 때문이다. 나중에 알았지만 가게에 온 손님부부는 누구나 알아주는 한국 대기업의 뉴욕지사장이었다.

그래도 나는 한 쪽 구석에서 이제나 저제나 나를 인사시키나 했는데 사장은 열심히 대화만 할 뿐 나는 안중에도 없는 듯 했다. 결국 내가 계속 있을 자리가 아님을 알고 다시 눈인사만 한 뒤 가게를 빠져 나왔다. 그런데 잘 가라는 인사조차 없었다.

오후의 밝은 햇살이 나를 비추고 있었다. 그런데 햇빛에 드러난 내 모습이 너무나 초라했다. 주방에서 편하게 신는 슬리퍼에 청바지, 곰탕국물이 잔뜩 묻은 티셔츠를 입고 있었다. 순간 건재상 주인이 나를 신사에게 소개시키지 않은 이유가 바로 이해가 되었다.

"그래. 그렇구나. 내가 너무 초라해 보이고 막 일하는 사람 같으니 창피해서 소개를 안한 거구나. 그래서 아예 나를 무시해 버린 것이구나."

순간 창피하면서도 심한 모욕감이 들었다. 한편으로 결국 성공해야 사람대접을 받는다는 사실을 뼈저리게 느꼈다. 가슴에서 오기가 차올랐다. 성공하기 위해 더 열심히 더 이를 악물고 일하자고 나에게 다짐하고 또 다짐했다.

사실 곰탕집을 운영하면서도 손님들이 나를 음식점 종업원으로 알고 하대하며 멸시해 속이 상한 적이 많았다. 그러나 아무리 속이 뒤집어져도 얼굴엔 미소를 지으며 손님들 비위를 맞추어야 했다. 내가 꼭 이렇게까지 해야 하나 생각이 들 때도 많았지만 나를 다독이며 참고 또 참았다.

나는 이 모든 것들을 내가 더 발전하고 성장하는 발판이 되는 것이라고 여기며 긍정적으로 받아들였다. 마음 깊은 곳에서 울화가 불쑥불쑥 올라왔지만 기도로 나를 다스렸던 것이다.

성경에도 오기를 품어 자신을 성장시키는 계기로 삼는 인물들이 여럿 나온다. 대표적인 인물이 바로 한나다. 한나는 아이가 없음으로 인해 깊은 슬픔과 고통에 빠졌던 여성이었다. 그런 그녀를 끊임없이 괴롭히는 브닌나의 참소와 업신여김 앞에서 한나는 하나님의 살아계심을 보여 주실 것을 간절히 간구했다.

아들 하나만 허락해 주신다면 그 아이의 평생을 주께 드리겠다고 서원한 한나는 결국 성경 속의 귀한 인물 사무엘을 얻는다. 한나가 주변의 참소에 오기로 기도한 것처럼 당시 내 마음도 한나의 마음과 크게 다르지 않았다.

어쨌든 이 사건은 내게 적지 않은 충격을 주며 내 마음 깊은 곳에 큰 상처로 남았다. 꼭 성공해야 한다는 도전의식을 사정없이 일깨워 주었다.

그런데 이 사건은 이것으로 끝이 아니었다. 이런 일이 있고 6개월 정도 지났을 때 아내의 성화로 한 교회의 부흥회에 참석하게 되었다. 강사는 신유사역자이자 부흥사로 유명한 굿데일 목사였다. 미국인인 이분의 신유사역은 미국 전역에서 아주 유명했다. 많은 환자들이 집회마다 구름떼처럼 모여들곤 했다.

집회가 열린 때가 11월 말로 날씨가 몹시 추웠다. 뉴욕의 초겨울은 눈도 많이 오고 바람도 매섭다. 이날도 매우 추웠고 비까지 추적추적 내리고 있었다.

집회장소에 도착하니 1000여명은 모인 것 같았다. 나와 아내도 설교에 큰 은혜를 받으며 열심히 예배를 드렸다. 하나님이 살아계시고 우리의 삶에 항상 역사하고 계심을 믿게 하는 은혜로운 설교였다.

예배가 끝난 뒤에는 굿데일 목사님의 신유사역 순서가 항상 있었다. 사람들이 줄을 서서 기다리면 안수기도를 해 주는 것이었다. 이때 사람들은 조금이라도 더 일찍 기도를 받기 위해 빠르게 강대상 앞으로 이동을 했다.

그런데 바로 이 때 한 낯익은 사람이 아이를 유모차에 태우고 급하게 우리 앞을 지나가고 있었다. 아이는 장애가 있는 듯 손과 입이 돌아가 있었다. 보기에 뇌성마비 같았다.

순간 유모차를 미는 남자의 얼굴이 기억났다. 바로 6개월 전 화교가 운영하는 건재상에서 만난 멋진 옷을 입었던 바로 그 지사장이었다. 모든 것을 갖춘 것 같았고 건재상 주인이 환대하며 한껏 높게만 보였던 그가 바로 장애아의 아버지였던 것이다.

바로 이 때 내 마음 속에서 무엇인가 '쿵' 하는 소리와 함께 난생처음 성령의 음성이 들리는 것을 느꼈다. 갑자기 눈물이 왈칵 쏟아졌다. 이것은 내가 예상했던 상황이 전혀 아니었다. 조금 전 설교에 은혜를 받은 부분의 영향도 있었겠지만 가슴 깊은 곳에서 분명히 울리는 음성이었다.

"김유봉. 너 보았지. 너 저 사람 부러워했잖아. 그런데 그렇게 잘나 보이고 돈이 많고 성공한 저 사람이 장애를 가진 자신의 아들을 볼 때마다 얼마나 마음이 아프겠니. 세상의 삶은 다 가진 것 같아 보여도 결국 다 가진 것이 아니란다. 너는 비록 지금 가난하고 보잘 것 없어도 기도하는 아내와 건강하게 잘 자라고 있는 아들과 딸이 있지 않니. 그리고 내가 옆에서 너를 보고 있지 않니."

눈물이 계속 쏟아졌다. 아내는 내가 이 때 하염없이 눈물을 흘리는 이유를 이해하지 못했을 것이다.

나는 이 때 성령이 주시는 음성으로 기독교인은 어떠한 상황, 어떠한 사건, 어떠한 문제도 모두 감사의 조건이 되어야 한다는 것을 절절히 깨달았다. 하나님 안에서는 모든 것이 은혜요 축복의 통로임을 감동적으로 믿게 되었다.

나는 이 깨달음을 혼자만 간직할 수 없을 만큼 가슴이 벅차고 감사했다. 그래서 내가 출석하던 한일교회 김용주 담임목사에게 성도 앞에서 간증을 하고 싶으니 시간을 달라고 했다.

말주변도 없고 앞에 나서기 싫어하는 내가 자진해서 성도들 앞에 간증하겠다고 한 것은 나로서는 엄청난 용기이자 사건이었다. 성령은 사람을 변하게 하고 담대함과 용기를 준다. 나는 성도들 앞에서 나를 변화시킨 성령의 음성을 간증했다.

"여러분. 저희 부부는 우리 교회에서 제일 가난하고 보잘것 없지만 이제는 그 무엇도 부럽지 않습니다. 이제야 하나님을 믿고 의지하며 그 분의 뜻대로 사는 것이 인생 최고의 성공임을 성령이 주시는 감동으로 깨달았습니다. 아무리 잘 먹고 잘 입고 좋은 집에서 살더라도 주님을 알지 못하는 삶은 무가치 합니다. 저도 잠시 세상의 성공을 부러워 했지만 이번 부흥회를 통해 이제 주님 한 분 만으로 족하다는 것을 알게 되었습니다. 예수님 사랑합니다. 감사합니다."

간증을 하면서도 눈물이 쏟아져 엉엉 울다시피했다. 그런데 나의 울음에 성도들도 따라 울었다. 갑자기 교회 안이 울음바다가 되었다.

이 일은 내가 기독교인으로 새롭게 거듭나는 계기가 되어 주었다. 피곤하다고 아내 혼자 교회를 보내고 예배 때문에 쉬지 못한다고 불평하던 내가 하나님의 살아계심을 깨닫고 신앙생활을 바르게 하려고 노력하는 놀라운 전환점이 되었던 것이다.

주일만 할 수 없이 예배드리던 선데이 신자가 하나님의 은혜를 깨닫고 거듭나는 영적 체험을 하게 된 것이다.

옥합을 깨뜨리다

수동적 신앙생활에서 능동적 신앙생활로 바뀐 내 모습을 가장 기뻐한 이는 아내였다. 아내가 보기에 내 신앙이 영 못 미더워 기도 제목 우선순위가 '남편이 변화되어 신앙생활 잘하게 해달라'는 것이었다. 그런데 그 기도가 드디어 응답된 것이다.

난 기독교인이라면 꼭 성령의 은혜를 사모하고 성령이 우리와 함께 하시는 것을 체험해야 한다고 믿는다. 또 성령께서 우리의 삶 속에 은밀하게 주시는 영의 음성도 들어야 한다.

나의 영적 변화는 일단 내가 모든 것에 감사하고 교회예배와 봉사에 적극적으로 참여하는 것으로 시작되었다. 누가 시키지 않아도 교회 일에 앞장서고 자발적으로 일을 찾아 봉사하곤 했다. 교회에 오면 예배만 드리지 않고 한 바퀴 돌면서 모든 것을 제자리에 갖다 놓고 청소도 했다.

교회 성가대 대장이 장로님이었는데 연말에 수고하는 성가대원 모두를 자신의 집으로 식사초대를 했다. 아내가 성가대원이어서 나도 함께 초대를 받아 방문하게 되었다.

여전히 원룸에서 아이들과 복작거리며 살던 나는 성가대장 집에 들어서며 큰 충격을 받았다. 집이 이렇게 클 수도 있는지 몹시 놀랐다. 늘 외부에서만 보아온 집 안의 호화로움에 눈이 부셨다.

내가 살고 있는 세계와는 전혀 달랐다. 내 기억으로 고급 아파트였던 것 같은데 방이 최소 4개는 되는 것 같았다. 양탄자에 고급스런 상들리에가 눈부셨다. 넓은 소파와 대형 식탁 등 내 눈엔 너무나 멋져 보였다. 부러운 생각에 내 입에서 기도가 저절로 나왔다.

"하나님. 저도 예수 믿고 열심히 기도하면서 하나님 뜻에 합당한 삶을 살면 이렇게 세상의 삶도 축복해 주시겠지요. 그리고 오늘 남에게 기쁘게 베풀며 사는 것을 보았습니다. 저는 아직도 집사지만 제가 장로가 되었을 때도 최소한 이런 집에서 살 수 있도록 해 주시겠지요. 더 열심히 주님을 섬기며 교회에 헌신할 수 있도록 큰 믿음을 허락해 주세요."

성가대장을 보고 도전을 받아 신앙생활을 더 열심히 할 것을 다짐했다. 기독교인은 남이 잘되고 성공한 것을 축복하고 축하해 주며 그 속에서 하나님의 섭리를 발견해야 할 것이다.

성가대장 장로의 집을 다녀온 후 내 신앙은 또 한 번 더 열심을 내게 된다. 교회 예배도 맨 앞자리에 앉고 봉사할 일이 있으면 제일 먼저 일어났다. 교회생활에 더 깊이 들어가면서 세상에 즐기던 일들과는 점점 더 멀어지기 시작했다. 아내와 같이 수시로 금식하며 기도했고 가정예배를 통해 어린 아이들에게도 믿음생활을 가르쳤다. 참으로 열심을 냈던 신앙생활이었다.

이렇게 나도 열심히 기도해 하나님께 복을 받아 좋은 집에서 살고 싶다는 순수한 열망을 가졌던 나였다. 그런데 하나님은 나와 아내의 이 기도를 기억하고 정확히 응답해 주셨다.

이런 일이 있은 7년 뒤 나는 그 장로의 집보다 훨씬 더 멋진 2층 단독주택에서 살게 되었기 때문이다. 하나님 안에서 기도하며 믿음으로 갖는 소원은 주님께서 분명히 응답해 주신다는 사실을 후일 하나하나 다 확인할 수 있게 되었다.

이렇게 곰탕집에서 바쁘게 일하고 교회에 봉사하던 나는 35세이던 1981년에 또 한번 큰 신앙의 변화를 만나게 된다. 이 역시 당시 LA 영락교회를 담임하시던 김계용 목사 초청 부흥회를 통해 일어난 일이다.

김계용 목사님은 LA영락교회를 개척하여 5,000여명의 대교회로 성장시켰다. 퇴임 후 북한에 초청을 받아 가셨다가 원인 모르게 소천하셔서 많은 사람들을 안타깝게 만들었다.

LA 영락교회를 목회하실 때 "성자(聖者) 아니면 바보다"라는 말을 들을 정도로 인품이 훌륭하셨던 김 목사는 한국전쟁 때 인민군으로 참전했다가 남한으로 탈출했다. 고국에서 목회하다 남미 선교사, 또 미국목회자로 사역하는 그 긴 세월동안 청혼도 받고 혼인할 수 있는 기회가 많았으나 북한에 결혼한 부인이 있었기에 중혼(重婚)을 할 수 없다며 평생을 독신으로 사셨다.

믿음으로 주님께 헌신하여 오로지 복음을 위해 한평생 고결하게 사신 김계용 목사의 부흥회에서 나는 깊은 은혜를 받았다. 설교가 내 가슴 속으로 물결치듯 들어오며 주님 안에서 신앙생활을 더 열심히 하리라 다짐했다.

당시 나는 막 서리집사가 된 직후였는데 교회에서는 이번 김계용 목사님 부흥회를 계기로 교회건축을 시작해야 한다는 동기가 부여되었다. 그래서 제직회를 열어 교회건축을 위한 헌금 6만불을 모으는 방법을 논의했다. 1981년, 38년 전이라 6만불은 지금 환율로 계산해 100만불, 13억원 이상 되는 돈이었다.

서리집사 이상 성도 60여명이 모여 회의를 하는데 그 누구도 헌금을 어떻게 해서 6만불을 만들자는 방법론을 제시하지 못했다. 교회의 어른들이고 중추적인 역할을 하는 장로들도 조용히 입을 다물고 있었다.

사회를 보는 장로는 침묵만 흐르는 분위기가 어색했는지 "교회건축 헌금을 위해 좋은 의견들 없으십니까"란 말만 반복했다.

이런 상황을 가장 못 참아 하는 것이 결국 성질 급한 나였다. 이제 막 집사가 된 상황에 성도들이 헌금을 각 자 어느 정도 내겠다고 해서 6만불을 만들면 될 텐데 도무지 이해가 되지 않았다.

몇 번은 참다가 결국 오른 손을 번쩍 들었다. 조용한 회의 상황이 어색하던 차에 내가 손을 드니 사회자가 "오 김유봉 집사님!"하고 반갑게 발언권을 주었다.

"제 의견을 말씀드리겠습니다. 저희 교회 제직 가정이 30가정은 훨씬 넘습니다. 일단 30가정이 모두 2,000불씩 헌금한다면 6만불을 쉽게 만들 수 있습니다. 하나님께서 우리 교회가 교회건축을 하도록 사명을 주시고 이제 6만불이 필요한데 제직 가정들이 하나님 앞에 헌신해야 할 때라고 생각합니다. 우리는 믿음으로 이 일을 할 수 있다고 믿습니다. 저희 가정은 아직 원룸의 작은 방에서 4식구가 살고 있습니다. 아마 제가 우리교회 교인들 중에 가난하다면 제일 가난하다고 할 수 있을 것입니다. 제가 이 말씀을 드리는 것은 이번 기회에 꼭 힘을 모아 교회건축을 이루자는 뜻입니다."

나의 발언에 그 누구도 호응을 하거나 반대하는 의견이 없었다. 긴 침묵만 흘렀다. 호응하면 각각 다 2,000불씩 헌금을 하자는 것이고 다른 대안이 없으면서 반대를 하는 것도 비난받을 수 있는 상황이라 아무런 의견이 나오지 않은 것으로 여겨진다.

주기도문을 하고 제직회가 끝났다. 집으로 돌아가는 차 안에서 갑자기 정신이 번쩍 들었다. 내가 제직회에서 한 발언은 일단 나도 최소한 건축헌금 2,000불을 한다는 전제에서 한 말이었다. 지금돈으로 4,000만원 가까이 되는 이 큰 돈을 내가 먼저 헌금해야 하는 것이다.

당시 우리집 경제는 아내가 총괄하고 있었다. 난 가게에서 열심히 곰탕만 팔았지 집에 돈이 얼마 있는지, 얼마가 나가야 하는지 전혀 몰랐다. 그런데 아내와 상의도 하지 않고 덜컥 이렇게 발언을 했으니 서서히 걱정이 되기 시작했다.

먼저 집에 돈이 없으면 2,000불을 빌려서라도 헌금해야 한다는 것이고 만일 아내가 이를 반대한다면 가정에 불화가 생길 수 있는 상황이었다. 그러나 지금은 후회해도 소용이 없었다. 쏟아진 물이었다. 나는 아내에게 사실을 그대로 말했다.

"여보 오늘 교회서 제직회를 열었는데 건축헌금 대안에 아무도 이야기가 없길래 30가정이 2,000불씩 내자고 의견을 말했어. 내가 우리집에 이 큰 돈이 있는지도 모르고 이야기했는데 내 정신이 아니었나봐. 이제 어떻게 하지. 당신에게 이야기도 않고 일을 저질렀네."

당시 곰탕집 하루 매상이 겨우 40불 50불 나오던 때였다. 다른 사람에겐 2,000불이 내겐 2만불 아니 20만불 이상으로 체감되었다.

아내는 처음엔 아무말이 없었다. 그러더니 잘 알았다며 당신이 믿음으로 결정한 일이니 우리가 잘 알아서 한번 해보자고 해 안심이 되었다. 아내가 내 의견에 함께 해 줄 것이라고 믿긴 했지만 그래도 한

시름을 놓았다.

다음 주일 아침이었다. 교회에 갈 준비를 하면서 아내가 침대 밑 구석에서 조심스럽게 돈뭉치 하나를 꺼내 내게 오늘 건축헌금을 내자고 했다.

"여보 당신이 제직회서 말한 대로 오늘 헌금을 해요. 시간이 지나면 시험이 들거나 돈이 아까워 헌금 못할 수도 있으니 말이예요. 우리 마음이 뜨거울 때 하나님께 올려 드립시다."

꼬깃 꼬깃한 달러들이 한 장 한 장 잘 펴서 두꺼운 성경책 두께 정도로 모아져 있었다. 달러는 20불짜리 50불짜리 100불짜리가 다 섞여 있었다. 모두 5,000불이었다. 지금으로 치면 1억원 가까운 액수였다.

내가 곰탕집을 개업하고 4년이 지난 때였는데 이 4년간 아내가 안 먹고 안 쓰며 차곡차곡 모아둔 전 재산이었던 것이다. 이 4년 동안 내가 음식값으로 100불 지폐를 받은 것은 단 2번 뿐이었다. 이 때 마다 잔돈이 없어 쩔쩔맸던 기억이 나는데 아내가 이 큰 액수의 돈을 어떻게 모았는지 그저 신기할 따름이었다.

아내는 나의 신앙이 성장되도록 늘 기도해 왔는데 내가 이렇게 믿음이 생긴 것에 오히려 감사해 했다. 그리고 그동안 모은 전 재산을 교회건축헌금으로 드리기로 한 것이다.

순간 난 앞으로 아이들 교육도 시켜야 하고 가게도 늘여야 하고 돈 쓸 곳이 많은데 하는 생각도 들었다. 액수가 너무 크니 내가 말한 2,000불만 드리고 3,000불은 남겨놓고 싶기도 했다.

그러나 내 신앙이 하나님을 향해 뜨겁게 열리기 시작했고 감사가 충만한 때여서 아내의 손을 잡고 먼저 감사기도를 드렸다. 아내가 정성껏 모은 돈으로 하나님께 올려드릴 수 있으니 감사했다. 정말 깨끗하고 순수한 마음으로 드리는 헌금이었다.

우리 부부의 생활수준과 삶을 너무나 잘 아는 김용주 담임목사도 주일에 직접 드린 5,000불 건축헌금에 몹시 놀라셨다. 그리고 강대상 위에 헌금을 올리고 우리 부부를 위해 간절하고도 뜨거운 축복기도를 하셨다.

"하나님 감사합니다. 김유봉 집사님 부부가 귀한 헌금을 하나님께 드렸습니다. 오랜 기간 정성껏 모은 전 재산입니다. 옥합을 깨뜨린 이 부부를 축복해 주시고 앞으로 사업과 자녀에 큰 축복을 허락해 주셔서 세상에 본이 되며 하나님의 이름을 높이는 귀한 가정이 되게 하여 주시옵소서."

난 이 축복기도가 계속 내 삶 속에서 새로운 기적과 은혜, 성공을 일으키는 근원이 되어 주었다고 믿는다. 누가 보면 전 재산을 드리는 것이 너무 어리석은 행동이 아니냐고 했을지도 모른다.

사실 이 무렵 한국에서 어머님이 나와 손자들을 보기 위해 미국에 오셨다. 1년 여 아이들을 봐 주시고 또 집안 일을 도와 주시다 한국으로 돌아가시게 되었다. 가실 때 용돈을 넉넉히 드려야 하는데 교회에 돈을 모두 헌금했기에 내가 100불도 따로 드리지 못했다. 공항에 모셔다 드리며 마음이 내내 아파 울면서 갔다. 나중에 아내가 조금은 마련해 드렸다고 해서 가슴을 쓸어내렸다.

　이것이 진정 옥합을 깨뜨려 하나님께 올려드린 헌금이었다. 하나님은 우리 부부의 이 섬김을 기뻐 받아주시고 이후 나의 삶을 축복해 주시고 바른 믿음의 길로 인도해 주셨다.

　난 내가 드린 것 이상으로 이후 더 많은 것을 받았다. 하나님 안에서는 결코 그냥이 없다. 삶의 곳곳에서 분명하고도 정확하게 셈을 해 주셨다. 그것도 30배 60배 100배의 축복이었다.

신앙은 결단이다

곰탕집을 4년간 운영하며 모은 5,000불을 교회에 헌금하고 아내와 나는 새로운 마음으로 다시 일을 시작했다.

우리는 정말 순수하고 정성껏 드린 헌금이었기에 여기에 후회가 없었다. 오히려 일부 성도들이 뒤에서 수근거렸다. 어렵게 지내면서 이렇게 과도한 헌금을 하는 것이 과연 신앙적으로 바른 것인지 이런 저런 이야기가 나오는 것 같았다.

인간은 어떤 일에든 보는 시각이 다 다르다. 따라서 믿음의 행위는 자신이 가진 믿음의 수준 만큼 보이는 것 같다. 신앙에 의한 행동은 신앙의 수준에 따라 달리 해석되고 이해될 수 있는 부분인 것을 후일 깨닫게 되었다.

이 무렵 신앙생활을 더 열심히 하면서 불이 붙었다. 아내와 뉴욕 인근의 헤브론기도원에 가끔 가서 금식하며 기도했고 바쁜 가운데서도 성경읽기와 기도를 게을리 하지 않았다.

많은 사람들이 바빠서 신앙생활을 하기 힘들다고 말한다. 그런데 내가 판단하기에 바쁘다고 신앙생활을 열심히 못하는 것은 핑계에 불과하다. 신앙은 하나님과 나와의 관계다.

우리가 하나님을 얼마만큼 믿고 의지하며 신뢰하는가에 대한 바로미터가 신앙의 수준이다. 우리는 주변의 평가나 시선에 너무나 많은 영향을 받는데 신앙은 하나님과의 영적교제, 즉 성령의 교통이 가장 중요하다고 생각한다. 남이 평가하는 믿음의 수준은 그저 보이는 일부분에 불과하다.

그러므로 신앙의 열정과 믿음의 수준이 우리가 바빠서 낮아지는 것이 아니고 시간의 여유가 있어서 높아지는 것이 아니라는 뜻이다. 이런 점에서 나는 신앙생활은 항상 높은 정상을 바라보며 끊임없이 성장하고 발전해야 한다고 여긴다.

하나님과 영적으로 깊이 교제하며 영성의 깊이가 더해질 때 영과 육이 더 강건해지고 성장한다. 그러므로 신앙은 나와의 싸움이다. 계속 성장하도록 나를 보채야 한다.

잠시만 가만 있으면 금방 처지고 내려 가는 것이 신앙이다. 올라가기는 힘들어도 내려가는 것은 순식간인 것이 신앙이다. 그래서 나는 바쁜 식당 운영 중에도 아예 하루를 빼어 기도원에 올라가 하루종일 성경만 읽다가 오기도 했다.

이 무렵 나를 은혜의 세계로 깊이 들어가도록 힘을 준 성경말씀은 히브리서 13장이었다. 이 히브리서 13장은 삶과 신앙, 기도에 대한 메시지로 읽으면 읽을수록 내게 깊은 울림이 있었다.

히브리서 13장 초반 1-6절은 우리 신앙인의 경건한 생활을 권면하는 내용이다. 7-17절은 바른 신앙의 자세를 우리에게 증거하며 18-25절은 기도의 중요성 즉 기도의 요청과 축복기도에 대해 가르친다.

성경(히13)은 먼저 그리스도 안에서 한 형제로 서로서로 사랑할 것을 권면한다. 그래서 나그네를 대접하는 일을 잊지 말기 바란다고 했다. 어떤 사람들은 나그네를 대접하다가 자기도 모르는 사이에 천사를 대접하게 되었다고 간증한다. 우리는 이런 경우를 자주 접하곤 있다.

하나님께서는 우리에게 필요한 모든 좋은 것들을 내려 주신다. 그래서 우리가 하나님의 일을 잘할 수 있게 되기를 원한다. 또 예수 그리스도를 통해 우리 안에서 기뻐하시는 주님의 뜻이 이루어지기를 기도하고 예수 그리스도께 영광을 돌려야 한다.

결국 히브리서 13장의 결론은 예수 그리스도를 통해 하나님나라를 유업으로 받으려면 우리가 늘 깨어 기도하면서 신앙과 삶, 모두에서 본을 보이고 승리해야 한다는 사실이다.

나누고 베풀며 있는 것에 만족하며 돈을 사랑하지 말라고 가르친다. 이것이 우리 각 자의 삶을 통해 이뤄질 때 크리스천으로 굳건히 서게 됨을 가르쳐 주고 있다.

나는 요즘도 가끔 이 히브리서 13장 말씀을 읽으며 신앙의 각오를 되새김한다. 이 말씀은 자칫 나태해질 수 있는 믿음의 경계선을 지켜

주기 때문이다.

　나약한 인간은 언제든 위험한 길로 빠질 수 있는 요소를 가지고 있다. 늘 깨어 기도해야 하는 이유가 여기에 있다. 크리스천에게 믿음의 방심은 금물이다.

　뉴욕 27번가 외진 곳에서 문을 연 곰탕 가게는 곰탕과 해장국, 된장국 3가지를 팔았는데 점점 소문이 나면서 손님들이 많아져 일손이 바빠졌다.

　이 가운데 개업시 부족한 자금까지 빌려주셨던 김용주 담임 목사님은 초기부터 매일 전화를 주면서 장사가 잘 되고 있는지 물어보고 격려를 아끼지 않으셨다. 전화로 기도도 해주시곤 했는데 나로선 이런 관심과 기도가 그렇게 고마울 수 없었다.

　"김유봉 성도님. 고생 많으시지요. 장사가 어떠신가요. 첫술부터 배부르지 않는다는 속담이 있습니다. 인내하면서 기도하면서 최선을 다하면 하나님께서 분명히 좋은 길로 인도해 주시고 축복해 주실 것입니다."

　목사님의 전화에 큰 힘을 얻고 위로를 받았다. 과연 가게가 잘 운영될지 낙담해 있다가도 전화를 받고 나면 더 열심히 해야 한다는 용기가 솟아 나왔다.

　식당을 운영하면서 어려운 점도 많았다. 혼자서 음식 간을 다 보아야 하니 나중엔 입안이 얼얼해지고 식사 때를 놓치기 일쑤라 위장병을 달고 살았다. 주방 선반에 약병도 나란히 진열해 놓고 수시로 먹어야 할 정도였다.

언젠가는 약 먹는 것을 잊어 갑자기 위를 칼로 도려내는 듯 극심한 통증이 왔다. 꼼짝도 못하고 주방에 주저앉아 배를 양손으로 감싸 안은 채 통증이 가라앉길 기다렸다.

그런데 일을 도와주러 왔던 아내가 이런 내 모습을 보고 너무 안타까운 나머지 자신도 그 자리에 주저앉아 울음을 터뜨렸다. 우리는 서로를 얼싸안고 한참을 울었던 기억이 있다.

이렇게 나를 괴롭히는 위장병을 하나님께서 치료해 주실 것을 아내와 늘 기도했다. 그러던 어느 날, 미국 현지 목사님이 인도하는 부흥회에 아내와 참석했다. 그런데 이날 신유기도 시간에 위장병이 씻은 듯이 낫는 체험을 했다.

목사님의 말씀에 따라 환부에 손을 얹고 기도를 따라 했는데 그렇게 약을 먹어도 잠시만 호전될 뿐 나를 괴롭히던 질병이 씻은 듯이 사라져 버린 것이다. 나는 내가 믿는 하나님이 지금도 살아계시고 우리 삶 속에서 역사한다는 사실에 감격하며 신앙생활에 더 열심을 내게 되었다. 아내도 나 만큼 기뻐하며 하나님께 감사드렸다.

아내는 당시 연년생 두 아이를 키우고 있었는데 육아에 바쁘면서도 수시로 가게에 나와 홀을 봐 주어야 했다. 손에 물기가 마르지 않을 정도로 늘 바쁘게 일하며 지내는 모습을 보면 미안하기 이를 데 없었다.

아무리 힘들어도 아내는 불평 한마디 없었다. 이런 초인적인 힘은 분명 신앙의 힘이었다. 우리가 아무리 힘들고 고통스런 순간에 있더라도 그것에 명분이 있고 보람이 있고 동기가 부여되면 참고 인내하게 된다.

그래서 신앙은 어려움을 이겨내게 하고 더 나아가 어떤 상황도 하나님을 향한 감사로 바꾼다는 사실을 나는 분명히 체험했다.

하나님께서 나와 함께 하시고 도움을 주시며 앞길을 열어 주신다는 확신은 인생에 있어서 그 무엇과도 바꿀 수 없는 귀한 자산임을 분명히 알게 되었다.

2부

신앙 열정과 물질 축복의 열매들

뉴욕 32번가의 축복

하나님께서는 '뉴욕곰탕'에 큰 복을 주셨다. 우리 부부가 하나님을 바르게 섬기고 헌신하려는 마음의 자세를 미쁘게 받으시고 그 길을 열어 주신 것이라 믿는다.

우리 부부는 가게 문을 오픈 하는 11시가 되기 30분 전에 아내와 손을 맞잡고 반드시 기도했다. 오늘 하루 은혜롭게, 주님께 영광 돌리는 하루가 되게 해 달라고 기도했다. 또 오늘 가게에 오시는 모든 손님들에게 맛있는 음식을 제공하고, 기쁘고 즐거운 하루가 되게 해 주십사고 기도했다.

조금씩 알려진 뉴욕곰탕이 이젠 줄을 서서 기다릴 정도로 손님이 많아져 눈코뜰새 없이 바빴다. 1979년 4월에 문을 연 27번가 작은 가게가 계속 밀려드는 손님 때문에 식당규모를 늘리지 않을 수 없었다. 첫 가게는 테이블이 3개 뿐인 가게라 좁아도 너무 좁았다.

1982년 봄, 시간만 나면 맨해튼을 돌고 또 돌았다. 마땅한 새 가게를 찾기 위해서였다. 아내는 작정 금식기도를 하면서 더 큰 가게를 찾아 이전하게 해 주실 것을 지속적으로 간구했다.

  이 과정에서 32번가에 있는 6층 건물 중 1층을 발견했다. 위치도 아주 좋고 좌석도 80여명 정도는 앉을 수 있는 160m²(50여평) 정도의 큰 공간이었다. 그러나 이곳은 임대로 나와 있는 식당이 아니고 멕시칸 식당으로 현재 아주 잘 운영되고 있었다.

  근처 부동산에서 알아보니 이곳 빌딩주와 식당주의 계약만료기간이 2년이나 남았고 20년 이상 운영된 아주 오래된 식당이라고 했다.

  나는 이곳에 들러 음식 하나를 시키고 주인을 찾았다. 무식하면 용감하다는 말이 있다. 주인에게 이 장소를 나에게 권리금을 받고 넘길 의향이 없는지 물었다. 그러자 주인은 별 이상한 사람 다 본다는 표정으로 "지금 운영 잘 하고 있고 넘길 의향이 없다"고 잘라서 말했다.

  우리 크리스천은 든든한 백 그라운드가 있다. 믿고 기도하면 하나님이 길을 열어주신다는 것이다. 나는 이 건물이 하나님이 주신 곳이라는 생각이 자꾸 들어 기도하면서 틈만 나면 이 식당을 찾아가 주인을 졸랐다.

  그리고 양도대가로 권리금 10만불을 주겠다고 제시했다. 이 정도 규모의 가게라면 통상적인 권리금인데 주인은 시세에 어두운지 약간 관심을 보였다. 난 이 틈을 비집고 계속 주인을 졸랐고 결국 OK 사인을 받아내고 말았다.

32번가 뉴욕곰탕이 막 문을 열었을 때의 김유봉 장로.
나중에 24시간 운영하며 엄청난 수입을 올렸다.

그리고 이 계약이 성사되기 직전에 기존 내가 운영하던 27번가 식당도 3만불에 넘기는 기적이 일어났다. 손님은 많았지만 위치가 그래서 내가 낸 1만불 정도만 회수하고 넘기면 된다고 생각하고 있었는데 임대광고를 보고 온 한인교포가 손님들이 넘치는 모습을 보아서인지 권리금 2만5000불을 주겠다고 한 것이다.

난 너무나 신이 나서 아내에게 마땅한 임대자가 나타나 2만5000불을 준다고 했다며 흥분해서 전화를 했다. 그런데 아내는 차분한 목소리로 3만불을 다시 부르라고 하는 것이었다. 너무 심한 것 아닌가 하는 생각을 하며 아내가 말한 대로 다시 3만불을 제시했더니 상대가 이번에도 순순히 그러겠다고 했다.

바로 이 때서야 나는 이 모든 것에 하나님이 함께 해 주시고 우리의 기도와 간구를 하나 하나 응답해 주시고 계시다는 것을 깨달았다. 마음 속으로 '할렐루야'를 외쳤다.

생각해 보니 이 3만불은 1년 전 아내가 모은 5000불을 모두 헌금한 6배의 돈이었다. 하나님은 과부의 두렙돈 같은 헌금을 기뻐 받으시고 넘치는 물질의 복을 부어주신 것이다.

난 이 3만불에 그동안 모은 돈과 일부 융통을 해 다시 3만불을 마련하고 남은 4만불은 모기지로 10만불을 만들어 32번가 가게로 이전할 수 있었다. 15일 만에 멕시칸식당 내부를 다 뜯어내고 한식당으로 다시 꾸몄다. 간판을 '뉴욕곰탕 하우스'라고 내걸었다.

32번가로 이전한 뉴욕곰탕은 27번가의 명맥을 이어 금방 자리를 잡았다. 손님들로 문전성시를 이룬 것이다. 더구나 당시 한인들의 이민이 점점 늘어나면서 한인들에게 값싸고 영양가 있는 곰탕의 인기는 더욱 치솟았다.

여기에다 뉴욕을 관광차 온 한인들도 소문을 듣고 물어물어 우리 가게를 찾았다. 심심찮게 한국 미8군에 복무했던 재향군인들도 한국에서 맛본 곰탕이 생각나 왔다며 우리 가게를 찾기도 했다.

나는 뉴욕곰탕이 종업원을 교대로 일하게 하고 24시간 영업하는 결단을 내렸다. 한인들이 밤늦게까지 일하고 집으로 돌아가기 전에 뜨끈한 곰탕 한그릇 먹고 집으로 돌아가면 좋은데 식당들이 문을 닫고 영업을 안하니 서운해 하는 것을 목격했기 때문이다.

또 뉴욕에서 한인들이 사람들을 만나는 장소가 마땅치 않은데 24시간 문을 여는 뉴욕곰탕이 있으니 만남의 장소로도 많이 애용되었다. 또 밤새 공부하던 유학생들이 언제든 차를 몰고 달려와 음식을 먹을 수 있기에 큰 환영을 받았다.

사실 밤새 운영을 하는 것은 가게 입장에서는 인건비가 많이 나가니 손해일 수도 있었다. 그러나 밤 늦은 시간, 힘든 모습으로 가게에 들어와 깍두기에 곰탕 한 그릇을 맛있게 비워내는 모습을 보면 그 한 분 한 분을 실망시키고 싶지 않았다.

뉴욕을 찾는 한국인여행객과 유학생도 늘어나고 이민오는 분들도 많아지면서 뉴욕곰탕은 계속 인기식당이 되었다. 음식도 맛있으니 입에서 입으로 소문이 났던 것이다.

이 때부터 뉴욕곰탕은 본격적으로 맨해튼에서 자리를 잡아 유명세를 치르게 된다. 이전 식당은 내부가 너무 작아 하루에 잘돼도 200-300불 벌기가 쉽지 않았는데 넓은 이곳으로 이전해 손님이 몰려드니 하루 매상이 5,000불 6,000불이 되었다. 더구나 이 때는 신용카드가 일반화되기 전이어서 모두가 현금거래였다.

정말 성경에서 말하는 30배 60배의 축복이 이런 경우가 아닌가 싶었다. 저녁에 집에 들어와 아내와 하루 매출 계산을 하면 이곳 저곳에서 꾸겨넣은 현금이 툭툭 튀어 나왔다.

물 붓듯이 물질의 축복이 쏟아지고 있었지만 나와 아내는 신앙의 초심을 잃지 말자고 다짐했다. 그리고 수익을 정확히 계산해 십일조 헌금을 먼저 떼어 놓곤 했다.

이 무렵 한인교포들의 증가로 미주 한국일보와 미주 중앙일보, 미주 조선일보, 미주 동아일보 등 신문과 교포잡지, 한인방송 등도 빠르게 생겨나기 시작했다. 난 이곳 모든 언론 매체에 뉴욕곰탕 하우스

광고를 정기적으로 실었다. 전단지도 만들었고 홍보에도 많은 신경을 썼다. 그러다 보니 한인들에게 뉴욕곰탕은 친숙한 장소이자 교포들 사랑방으로 점점 더 자리를 잡아갔다.

10년 만의 금의환향

중국 사자성어에 금의환향(錦衣還鄕)이란 말이 있다. 한문의 뜻을 그대로 풀어 설명하면 '비단옷을 입고 고향으로 돌아온다'는 뜻이다. 즉 성공을 거둔 후 사람들의 환영을 받으며 고향으로 개선한다는 것으로 책에서 자주 사용되는 표현이다.

삼국지에 등장하는 항우는 반란군을 이끌고 진나라 수도 관중에 진입함으로써 진나라는 종말을 고한다. 이 때 항우의 참모 한생이 "관중은 뛰어난 요충지이자 비옥한 곳으로 이곳을 근거로 하면 천하를 통일할 수 있을 것"이라고 조언한다.

그러자 항우가 "성공하고도 고향으로 돌아가지 않는다면 비단옷을 입고 밤길을 가는 것과 무엇이 다르겠느냐? 비단옷을 입었으면 고향으로 돌아가는 것이 마땅하다."고 했다.

여기서 유래된 금의환향을 나도 1986년 5월에 했다. 이 사자성어를 내가 이번 글 제목으로 쓴 이유는 당시 미주 조선일보 1986년 7월 16일자 신문 사회면에 "10년 만의 금의환향…고향이 낯설어요"란 제목의 톱기사가 바로 내 이야기를 다루었기 때문이다.

1986년은 내가 미국에 온지 정확하게 10년째가 되는 해이자 한국에 계신 어머님이 만 60세로 환갑을 맞는 해였다.

미국에서 장사를 하느라 일주일 내내 바쁘게 지내고 주일은 교회에서 예배드리고 하루 종일 봉사하다 보면 시간이 어떻게 흘러 가는지도 모를 정도로 빠르게 지나갔다.

물론 32번가로 옮겨온 1982년부터 경제적으로 나아져 한국에 나가볼 수도 있었지만 식당을 운영하다 보면 그것이 쉽지 않았다.

곰탕 가게가 자리를 잡고 안정이 되면서 이제 나도 한국에 한번 나가 어머니도 뵙고 친지들에게 내가 성공한 모습도 보여드리고 싶었다. 그렇지만 상황이 여의치 않다가 드디어 이 D-Day를 어머니 환갑날인 6월 7일로 잡은 것이다. 지금은 60세 환갑잔치를 거의 하는 분들이 없고 칠순도 잘 안하지만 1980년대만 해도 다들 환갑잔치를 크게 했다.

10년 만에 밟을 고향 땅을 생각하니 감개가 무량했다. 10년 전 160불을 들고 미지의 땅, 미국을 향했던 나였다. 숱한 고생과 사건을 겪었지만 기도하는 아내, 알뜰하게 살림하는 아내를 만나 가정을 이루고 또 1남 2녀, 3남매를 선물로 얻었다.

자리를 잡은 뉴욕곰탕은 전체 직원만 20여명일 정도로 늘 문전성시를 이루고 아이들도 건강하게 잘 자라주고 있었다. 모든 것이 안정된 상태라 가게를 직원들에게 다 맡기고 한국을 나가도 내 마음이 편했다.

그 10년 사이 나의 여동생 부부가 미국으로 건너와 우리 가게 일을 돕고 있었는데 이번 어머니 환갑에 맞춰 나가는 일정에 같이 동행했다.

드디어 우리 8명의 대식구(나와 아내와 아이 셋, 장모님, 여동생 부부)는 장시간 비행기를 타고 한국 김포공항에 내렸다. 10년 만에 돌아온 고국은 모든 것이 너무나 많이 변해 있었다.

어디서나 당당하며 건강하셨고 나를 항상 든든하게 밀어 주셨던 어머니의 얼굴도 깊게 주름이 패여 있었다. 어머니를 얼싸 안으니 눈물부터 줄줄 흘러 나왔다. 어머니를 뵈니 돌아가신 아버님이 생각나며 죄송하기 그지 없었다. 맏이를 미국 보내고 남은 동생들을 데리고 힘들게 사셨을 어머니를 생각하니 마음이 아팠다. 이젠 더 이상 고생 안하셔도 된다며, 미국에서든 한국에서든 편하게 잘 모시겠다고 어머니 손을 잡으며 몇 번이나 말씀드렸다.

10년 전 미국으로 오는 노스웨스트 비행기 안에서 다짐했던 것이 갑자기 생각났다. 반드시 성공해서 한국 땅을 다시 밟겠다는 것이었다. 이런 의지가 나를 더 열심히 일하게 했고 숱한 어려움을 극복하게 했다.

우선 여주 고향집으로 내려가서 여장을 풀었다. 시골도 많이 변해 있었다. 우마차가 사라지고 경운기와 오토바이가 다니고 있었다. 그 사이 동생들도 결혼해 처음 보는 조카들의 인사를 받으면서 10년이나 지난 세월의 공백을 새삼스럽게 느꼈다.

어머니 환갑잔치 만큼은 정말 멋지게 해드리고 싶었던 나는 당시 서울 정릉에 있던 대형음식점 신흥각을 예약해 잔치를 크게 준비했다. 그리고 고향 여주의 친척들과 동네 어르신들을 대절버스 여러 대로 모두 모셔왔다.

서울과 지방에 있는 친지들도 모두 초청하니 이날 모인 하객들이 350명이나 됐다. 식사를 고급으로 잘 대접하고 여러 순서를 가진 뒤 내가 인사말을 하게 되었다.

"감사합니다. 바쁘신데 저희 어머님 환갑잔치에 많이 와주시고 축하해 주셔서 감사드립니다. 10년 전 어머님께서 아버님과 다투기까지 하시며 제게 미국 가는 비행기 값을 만들어 주셨는데 이 때 어머니가 도와주지 않으셨으면 오늘의 이 자리는 없었을 수도 있습니다. 아들을 믿어주고 늘 응원해 주신 어머니께 감사드리고 앞으로 형제간 우애있게 잘 지내고 어머니를 행복하게 잘 모시는 아들이 되겠습니다. 오늘 참석해 주신 모든 분들께 다시 한 번 감사드립니다."

큰 박수가 터져 나왔다. 나는 참석하신 분들에게 미국에서 가져온 쟁반을 답례품으로 다 나눠드리고 어머니에게는 특별히 맞춰온 다이아몬드 반지를 선물로 드렸다. 어머니는 며느리와 손자들 본 것이 더 큰 선물이라고 하셨다.

나는 내가 공부한 여주중학교에도 들려 필요하다는 축구공을 잔뜩 선물했고 가남면 향리에도 들러 경로당에 금일봉을 드리고 인사를 했다.

그런데 안타까웠던 것은 고향에 제대로 된 교회나 유치원이 없다는 사실이었다. 난 속으로 미국에서 조금 더 돈을 모으면 고향에 유치원을 겸한 교회 건물을 하나 지을 수 있기를 하나님께 기도했다.

이렇게 공식일정을 다 마친 뒤에는 본격적으로 한국의 유명 맛집 순례에 나섰다. 뉴욕곰탕이 발전하려면 신메뉴 개발 등 계속 연구하고 맛을 업그레이드 시켜야 했기에 나름 공부를 해야 했던 것이다.

서울 여러 곳 음식점을 둘러 본 뒤 이번에는 음식이 발달되어 있다는 일본 오사카와 홍콩, 대만 타이페이를 가서 역시 유명음식점 순례를 했다. 음식만 본 것이 아니라 직원들의 서비스 자세와 복장, 주방 등 여러 가지를 하나하나 메모하고 돌아왔다.

이렇게 어머니 환갑을 기념해 간 한국방문이었지만 음식점 운영에 따른 시장조사도 함께 이뤄져 아이디어를 많이 얻을 수 있었다.

바쁘게 보낸 한국방문을 마치고 다시 뉴욕행 비행기에 몸을 실었다. 이제 한국에 자주 나와서 고국에 도움이 될 수 있는, 의미있는 일을 많이 하리라 다짐했다. 무엇보다 친척과 동생들도 아직 예수를 모르고 있어 이들부터 한 사람 한 사람 전도하기로 마음먹었다.

이렇게 한국을 다녀온 후 경제적으로 여유가 생기면서 1년에 한 두

번은 업무차 한국에 나가곤 했다. 당시는 국제선이 김포공항을 사용했는데 삼성과 현대 등 주로 대기업들이 공항 내에 광고간판을 설치해 이미지 홍보를 하고 있었다.

나도 이 김포공항 청사 안에 뉴욕곰탕 간판을 걸어 홍보하면 어떨까 하고 광고비를 알아보았다. 매달 1200불을 내면

당시 김포공항 내에 걸린 '뉴욕곰탕' 광고판

제법 큰 광고판을 계속 사용할 수 있다고 했다. 사실 광고비가 만만치 않았지만 고국 발전에 도움도 될 수 있다는 생각을 하며 뉴욕곰탕 광고간판을 김포공항에 걸었다.

한동안 외국을 나가는 한국인들은 뉴욕곰탕 광고간판을 공항에서 볼 수 있었다. 그런데 후일 내게 들려온 이야기가 재미있었다. 사람들은 "미국은 식당을 해서 도대체 얼마나 돈을 많이 벌기에 대기업이나 하는 이 비싼 공항 광고를 하는가"라며 크게 놀랐다는 것이다.

35세에 집사, 42세에 장로로 임직되다

사실 아내와 결혼한 뒤 교회를 열심히 다니긴 했어도 초기엔 내 신앙과 믿음은 들쭉날쭉했었다. 일도 바쁘고 힘들어 교회생활을 열심히 하고 예배시간을 잘 지키는 것이 쉽지 않았던 것이다. 그러다 성령의 은혜를 체험하고 믿음이 성장했으며 교회생활에 열심을 내게 되었다.

아내가 둘째 엘리를 가져 만삭이 되었을 때로 기억한다. 난 이 주일에도 피곤하다는 핑계를 대며 교회를 가지 않았고 아내는 그 무거운 몸으로 하루 종일 교회에서 봉사한 뒤 혼자 남아 예배실에서 나를 위해 기도했다고 한다.

"하나님. 집안의 가장이 믿음으로 바로 서야 그 가정이 복을 받고 자녀들이 아버지의 축복권으로 인해 더 잘되는 것을 믿습니다. 남편인 김유봉 성도가 믿음으로 바로 서서 온 가족을 신앙으로 이끄는데 부족함이 없도록 도와 주시옵소서."

 이렇게 아내가 간절히 나를 위해 기도하는 시간에 나는 집에서 편하게 자고 있었다. 그런데 갑자기 내가 지금은 생각나지 않은 무서운 악몽을 꾸게 되었다. 너무나 생생해 잠을 깬 뒤에도 몸서리가 쳐졌다.
 난 무슨 일이 크게 벌어진 것 같은 불안한 마음에 한국에 전화도 걸어보고 했지만 아무 일이 없었다. 내게 무슨 일이 생길 것이라는 불안이 엄습했다.
 순간 내가 주일을 어기고 잠만 자고 있는 것에 하나님이 슬퍼하신다는 생각이 들며 나를 위해 늘 기도하는 아내가 생각났다.
 그래서 기도하다 왔다며 늦게 집에 들어서는 아내에게 교회에서 무슨 기도를 했느냐고 묻자 내가 악몽으로 고통받던 바로 그 시간에 "남편이 예수 잘 믿는 신실한 신앙인이 되게 해달라고 기도했다"는 것이었다. 정신이 번쩍 들었다. 하나님이 아내의 기도에 응답해 나에게 경고하신 것이라는 생각이 들며 이후 주일성수 만큼은 꼭 지키려고 노력했다. 그러면서 내 신앙도 조금씩 나무가 자라듯 영글기 시작했다.
 아내와 곰탕가게 운영과 교회 밖에 모를 만큼 두 곳을 다니며 바쁘게 지내는 중에 1981년 교회에서 서리집사로 임명을 받았다. 나는 집사 직책이 정확이 무엇인지를 알아 보았다. 책자에서 집사에 대한 설명을 찾아낼 수 있었다.

"무흠 입교인으로 교인의 의무를 성실하게 수행하고, 타인에게 모범이 되며 디모데전서 3장 8-13절에 해당하는 자 가운데서 당회의 결의로 당회장이 임명한 자라야 한다. 제직회의 회원이 되며 임기는 1년(임시직)이다. 따라서 안수집사가 한 번 장립받으면 평생 집사인 것과 달리 서리집사는 해마다 연초(연말)에 당회가 임명하고, 임명되지 않으면 집사로 불릴 수 없다. 그러나 특별한 결격 사유가 없는한 해마다 임명되는 것이 관례이다."

이 설명을 본 후 바로 디모데전서 3장 8-13절의 내용을 찾아 보았다.

"감독과 마찬가지로 집사도 사람들에게 존경받는 사람이어야 합니다. 한 입으로 두 말을 하지 않으며, 술 마시고 흥청대지 아니하고, 남을 속여 자신의 이익을 챙기는 사람이어서는 안 됩니다. 집사들은 깨끗한 양심과 믿음의 깊은 진리를 간직한 사람이어야 합니다. 이런 사람이라도 먼저 시험해 보고 책망할 일이 없으면 집사로 섬기게 하십시오. 이와 같이 여자들도 다른 이들의 존경을 받으며, 남의 흉을 보지 않고, 절제하며, 모든 일에 충성해야 합니다. 집사는 한 아내의 남편이 되어 자녀들과 자기 가정을 잘 다스려야 합니다. 집사의 직분을 잘 행한 사람은 영광스런 자리를 차지하고, 예수 그리스도에 대한 믿음도 더 확고히 서게 될 것입니다."

다시 한번 정신이 번쩍 들었다. 성경에 나타난 집사의 자격을 읽어보니 과연 내가 이대로 실천하는 집사가 될 수 있을까 심히 걱정이 되었다. 일정기간 교회에 나오면 무조건 받는 집사가 아니라 하나님을 증거하고 교회에 유익이 되며 사람들 앞에서 부끄럽지 않은 집사가 될 것을 다짐했다.

교회에서 직분은 매우 중요하다. 자신도 모르게 그 직분에 걸맞는 믿음으로 맞추어 나가기 때문이다.

아내와 내가 교회의 모든 일에 열심을 다하는 중에 1988년 내 나이 42세에 교회에서 장로 장립을 하겠다고 했다. 이 때 아내도 권사로 함께 임직을 하겠다고 목사님이 말씀하셨다.

내가 장로라니 40대 초반인데 이건 아니라고 생각했다. 아내도 내 생각에 동의했다. 아무리 교회에 열심을 내도 42세 장로는 이르다고 여겼다. 남편이 장로가 되면 기도로 뒷바라지 하는 것도 쉽지 않다며 부담이 된다고 했다. 그러나 일단 기도하고 하나님의 뜻을 구해보자고 했다.

그런데 아내가 기도 가운데 하나님께서 "내가 주는 직분이다"라시며 나와 아내가 장로와 권사가 되는 것을 응답받았다고 했다. 우리는 부부는 1988년 서울올림픽이 열리던 그 해 교회 임직예배를 통해 나란히 장로와 권사가 되었다. 나는 장로 직분을 받으며 부족한 내가 받은 사명을 잘 감당할 수 있기를 간절히 기도했다.

장로는 대부분의 개신교 교회에서 목사를 도와 치리(治理)하는 평신도 최고의 직급이다.

  장로는 목사와 협력하여 교회 행정과 교회 재산을 관리하고 심방과 인사의 책임을 맡는다고 했다. 또 예배 인도 등의 권한과 함께 십일조 이행, 도덕적 생활 준수 등의 의무도 진다고 기록돼 있었다. 단순히 내 신앙만 잘 하는 것이 아니라 교회공동체를 이끌며 구성원이 다 잘 유지 되도록 헌신하고 봉사하는 직분이다.

  장로 임직을 받은 후 내 신앙은 한 단계 더 성장할 수 있었다. 집사 때와는 전혀 달랐다. 장로이기 때문에 참고, 장로이기 때문에 지켜야 할 부분이 너무나 많았다. 그러나 이것은 주 안에서 행복한 고민이라 여겼다. 장로로써 모든 면에 모범을 보여야 해 언행에도 신중을 기하게 되었다. 장로 직분은 내 신앙을 성큼성큼 자라나게 해 주었다.

100만불 헌금의 꿈

누구나 꿈이 있다. 그리고 이 꿈은 현실의 어려움이나 고통을 이겨내며 성실과 열심을 다하게 하는 원동력이 된다. 꿈이 있기에 그 꿈을 바라보며 오늘을 이겨내는 것이다.

그런데 사람마다 그 꿈이 다르다. 좋은 집, 좋은 차, 명품 물건 등 물질적인 것을 얻겠다는 꿈이 있는가 하면 박사학위나 국회의원, 고위공직자 등 명예를 얻어 이름을 알리고 싶은 꿈도 있다.

그런데 한창 신앙생활을 열심히 하며 크리스천으로서 바른 삶을 살아가려고 노력하던 1987년, 내게 새로운 꿈이 생겼다. 그것은 우연히 한경직 목사님의 설교카세트 테이프를 듣다가 마치 전광석화(電光石火)처럼 내 가슴에 들어와 심겨진 꿈이다.

나이가 든 크리스천이라면 한경직 목사를 모르는 이가 없을 것이다. 목사님은 1902년, 이북 출생으로 미국 프린스턴신학교에서 공부하셨고 1945년 영락교회를 설립하셨다.

대한예수교장로회 총회장, 한국기독공보사 사장, 한국기독교교회협의회 회장 등을 역임한 한경직 목사님은 청빈하고 겸손하여 한국에서 가장 존경받는 목회자로 칭송받았다. 1992년에 '노벨 종교상'으로 일컬어지는 템플턴상도 받았다.

한창 뉴욕곰탕집 성업을 이루던 1987년 당시, 한경직 목사님은 한국기독교선교100주년기념관을 건립하는 중책을 맡아 이곳저곳에 건축헌금을 요청하러 다니셨던 모양이었다.

지금 서울 종로5가에 붉은색 벽돌건물로 잘 지어진 한국교회100주년기념관과 경기도 용인에 있는 순교자기념관도 한경직 목사가 대표였던 한국교회100주년기념사업회가 나서서 지은 건물이다.

한경직 목사는 설교 중에 한 분의 재미교포 신앙인을 소개하며 그 분의 놀라운 헌신을 칭찬하셨다. 그분은 이북에서 월남, 단돈 50달러를 들고 미국으로 건너온 뒤 컴퓨터 산업에 선풍을 일으킨 황규빈 회장이었다.

아메리칸 드림을 이룬 황 회장은 1987년, 당시 49세였다. 한국인 이민 100년사에 처음으로 미국에 큰 기업을 세운 입지전적인 인물이었다. 그런데 이 분이 한국교회100주년기념관을 짓는데 100만불을 헌금하였다고 한경직 목사가 설교에서 직접 말씀하셨다.

1987년 당시의 100만불은 지금의 100만불과 그 가치가 현격히 다르다. 부자이긴 해도 그 큰 돈을 하나님을 위해 바로 드릴 수 있다는 그 믿음이 너무나 존경스럽고 대단하게 보였다. 같은 크리스천이지만 너무나 멋있었고 도전을 받았던 나는 그 자리에서 하나님께 기도를 드렸다.

"하나님. 저도 하나님께 100만불을 드릴 수 있는 크리스천이 되고 싶습니다. 황규빈 회장처럼 주의 일에 멋있게 헌신하길 원합니다. 현재 곰탕집을 하고 있지만 이 식당이 불일 듯 일어나고 30배 60배 100배로 성장하는 성경적 복을 받아 100만불을 헌금하는 신앙인이 되고 싶습니다. 저의 꿈을 이루게 도와주시고 축복해 주세요."

한경직 목사의 설교 속에서 만난 황규빈 회장의 놀라운 헌신에 도전을 받고 나도 그 100만불 헌금의 주인공이 되고 싶어 드린 이 '순수한 꿈'을 하나님은 정말 몇 년 후 이루게 하셨다. 그것도 100만불이 아닌 두차례에 걸쳐 150만불을 드릴 수 있도록 인도하셨다.

당시는 감히 상상하지 못했던 이 거액을 곰탕을 팔아 드릴 수 있었던 것은 바로 이 때 드린 기도가, 또 이 때 다짐한 꿈이 열매를 맺어 이루어진 것이라 믿는다.

이 헌금 이야기는 뒤에서 자세히 하기로 하고 100만불을 헌금한 황규빈 회장은 자신이 세운 기업이 나스닥에 상장되었고 미국 최고의 갑부 400위 안에까지 들어 미국의 유명 경제잡지 포춘(Fortune)에도 소개되었다.

한 때 황 회장이 가진 주식의 가치는 12억 달러, 회사의 가치는 20억 달러까지 치솟았다. 지금의 화폐가치로 계산하면 3조원이 넘는 돈을 무려 30여년 전에 황 회장이 만든 것이다. 한국인으로 미국에서 거부가 된 배경에는 하나님의 인도와 섭리가 반드시 있었고 또 그의 헌신을 하나님이 기쁘게 받으셨다고 믿는다.

100만불 헌금의 꿈을 잉태한 나는 이를 위해 기도하면서 삶의 자세, 신앙의 자세도 변해가기 시작했다.

뉴욕곰탕은 여전히 번창했다. 하루에도 수없이 많은 사람들이 우리 식당을 찾아주었다. 나는 이들에게 좋으신 하나님을 전도하고 알리고 싶었다. 예수를 믿고 주님과 영적으로 교제하면 지혜를 주시고 은혜를 주셔서 우리에게 영혼구원과 함께 세상을 이기고 정복해 복을 받는다는 것을 알리고 싶었다.

그래서 누구나 잘 아는 내용이고 크게 거부감을 주지 않는 "항상 기뻐하라 쉬지말고 기도하라 범사에 감사하라"는 데살로니가전서 5장 16-18절 말씀을 식당 메뉴판과 젓가락 종이 케이스에 인쇄를 해 넣었다.

손님들이 사장이 크리스천이라는 사실만 알아도 좋았다. 바쁜 이민생활이지만 매사를 긍정적으로 기쁘게 받아들이고 기도하고 주어진 삶에 감사하자는 이 성경말씀을 나는 내 삶의 모토로 삼았다. 그리고 이를 늘 지키려 노력했다.

식당이 24시간 운영되다 보니 종업원 수가 많았다. 32번가로 이사간 초기엔 24시간 영업을 하지 않아 10여명이었는데 점점 손님이 많아지고 영업시간을 확대하면서 최대 50여명까지 되었던 것 같다.

나는 종업원부터 전도를 해야겠다고 생각했다. 아무리 사장이지만 종교를 강요할 수는 없는 것이고 한가한 시간을 잡아 1주일에 한번 자체적으로 성경공부반을 열었다. 그리고 자원해서 참석하도록 했다.

교회를 나가거나 안 나가는 이들도 일단 성경공부를 한번 해 보면서 신앙에 대해 알아보자는 뜻이었다. 대신 강사진은 성경에 대해 깊은 지식이 있고 잘 가르칠 수 있는 분을 잘 물색해 초빙했다.

이 성경공부반을 통해 많은 종업원들이 예수님을 알고 신앙을 받아들여 크리스천이 되었다. 자신은 불교신자라며 참석을 거부해 오다가 동료들의 요청에 한 두 번 참석하면서 신앙인으로 거듭난 이들이 많았다. 식당도 전도열정도 불일 듯 일어나며 열심히 살았던 시간이었다. 직원들 중 나중에 2명이나 장로가 되었다.

그런데 드디어 내 마음 속에 잉태되어 있던 100만불 헌금의 꿈을 실천할 수 있는 시간이 내가 예상했던 때 보다 훨씬 빠르게 다가왔다.

120만불로 1에이커의 교회부지를 사다

'100만불 헌금의 꿈'을 내가 주변 그 누구에게도 이야기 한 적이 없다. 그것은 한경직 목사의 설교를 통해 황규빈 회장이 100만불을 헌금했다는 이야기를 듣고 그 믿음이 부러워 나도 그 액수를 하고 싶다는 꿈을 가진 뒤 기도를 해 온 것 뿐이다.

내가 출석했던 뉴저지 한소망교회는 다른 대부분의 한인교회들처럼 루터교단의 미국인 교회를 빌려쓰고 있었다. 당시 한인교회들은 자체 성전을 마련하기 힘드니 미국교회들이 오전에 예배를 드리고 다 귀가한 뒤인 오후 2시나 3시 정도에 성전을 빌려 예배를 드렸다.

이 무렵 미국교회들도 교회들마다 성도수가 많지 않았기에 어느 정도 헌금(대여비)을 받고 한인교회에 교회공간을 빌려주는 것을 좋아했다. 그런데 나중에는 교회청소를 잘 안하고 시끄럽다는 등의 이유를 들어 갑자기 교회 사용을 중단 당하기도 했다. 교회 없는 서러움을 한인교회들이 많이 겪었다.

그렇다고 한인교회가 성도가 많아 교회를 짓거나 정규 건물을 임대할 수 있는 처지도 아니어서 이런 형태의 교회사용이 계속 이어지고 있었다. 당시는 한인 수가 적었기에 더 그럴 수밖에 없었다.

1988년 어느 날이었다. 김용주 담임목사님이 설교 중에 우리가 빌려쓰는 이 루터교회가 교회를 비롯 인근 옆 공터까지 6에이커(7344평)의 땅을 소유하고 있는데 이중 1에이커(1224평)를 팔려고 한다는 소식을 전해 주셨다.

이 루터란 교회로부터 편지가 왔는데 그들이 체육관을 짓는 비용 마련을 위해 인접 부지를 팔 계획인데 땅을 살 의향이 있느냐고 물어온 상황을 전해 주신 것이다.

목사님의 말 뉘앙스에는 우리가 능력이 되면 이 땅을 사서 우리만의 한인교회를 지으면 최상일 것이란 느낌을 받았다. 당시 시세로 이곳 1에이커의 땅값은 못해도 80만불에서 90만불 정도는 주어야 했다.

그러나 당시 한소망교회 출석인원은 50~60명에 불과해 우리로선 꿈도 꾸지 못할 액수였다. 성도들이 대표기도할 때는 우리도 교회를 지어 독립할 수 있도록 항상 빠지지 않고 간구했고 건축헌금도 했지만 그것은 요원한 실정이었다. 담임목사 사례비에 행정비를 지출하면 교회운영은 늘 빠듯했다.

그런데 김용주 목사님이 루터교회부지 중 2에이커 땅을 판다는 말씀을 하는 순간, 내 마음 깊은 곳에서 성령의 음성이 요동쳤다.

"김유봉 장로. 너 100만불 헌금의 꿈을 잉태하고 기도해 오지 않았니. 그리고 뉴욕곰탕 가게도 내가 축복해 지금 아주 잘 운영되고 있는 것 보았지. 이제 네가 그동안 기도해 온 100만불 헌금의 꿈, 아니 너의 믿음을 나에게 실천할 때가 되었다. 너의 꿈이 이제 더 이상 꿈으로 머물지 말고 나에게 보여주길 바란다."

가슴이 뜨거워졌다. 조용히 눈을 감아도 성령께서 나를 감동시켜 주시는 음성이라 느껴졌다. 그런데 한편으론 걱정도 되었다. 물론 곰탕가게가 잘 되어 재정적으로 예전보다 나아졌지만 새로 곰탕캔 사업에 뛰어들었기에 은행잔고가 넉넉한 상황은 아니었다.

그러나 이 음성이 하나님의 뜻이라고 확신한 나는 마음이 흔들리기 전에 곧 바로 담임목사를 찾아갔다.

"목사님. 아까 루터교회가 자신들의 땅 6에이커 중 1에이커를 팔려고 내 놓았다고 하셨죠. 그 땅을 제가 사겠습니다. 제가 땅값을 지불할테니 그곳에 우리 교회를 지으면 좋겠습니다."

목사님은 깜짝 놀랐다. 그리고 정말 김 장로가 이 큰 액수의 땅값을 감당할 수 있겠느냐며 몇 번이나 되물었다. 1988년 당시 환율로 따지면 땅값 80만불의 액수는 정말 큰 돈이었기 때문이다. 나는 자신있게 그렇다고 대답했다.

나는 내가 소원한 100만불을 작정하고 헌금하면 땅을 살 수 있고 남은 20만불은 건축을 시작하는 마중물이 될 수 있으리라 여겼다.

사실 이 결정은 나 혼자 한 것이라 아내 박 권사가 어떤 반응을 보일지 한편으론 두려운 마음도 있었다. 그러나 당시 금식기도를 밥먹듯이 하며 믿음이 뜨거웠던 아내는 나의 이 결정을 적극 후원하며 잘 했다고 응원해 주었다. 아내가 고맙고 감사했다. 만일 부부가 이 큰 헌금에 이견을 보인다면 결국 그 헌금의 의미는 빛을 잃어버리는 셈이다.

다음 주일 예배 후 긴급 당회가 열렸다. 당시 나를 포함해 장로가 4명이었다. 담임목사가 교회건축부지 1에이커를 김유봉 장로가 헌금해 사겠다고 하니 교회건축위원회를 구성하자는 안건이었다. 장로 4명 중 나이로는 내가 제일 어렸다.

그러나 다른 장로들의 표정이 영 좋지 않았다. 땅을 사는 것은 좋은데 이 땅을 산 뒤에는 다시 온 성도가 건축헌금을 해서 교회를 지어야 하는데 우리 교회 성도 숫자로는 힘들다는 것이 중론이었다.

그러나 나는 적극 반대 의견을 내 놓았다. 이렇게 안 된다고만 생각하면 교회건축은 늘 힘들어진다. 버거워도 이번에 기회가 주어졌으니 힘을 모아 기도하면 하나님이 길을 열어 주지 않겠느냐고 했다.

땅 값을 헌금하는 내가 이렇게 이야기 하니 강한 반대는 못하고 일단은 추진해 보자는 쪽으로 의견이 모아졌다. 그런데 장로님과 고참 성도들이 나이도 어리고 또 장사가 잘 되긴 하지만 겨우 식당 정도

하는 주제에 교회건축 하자며 앞장서는 내 모습이 내내 못마땅해 하는 것이 느껴졌다.

사실 장로들 입장에서 김유봉 장로가 먼저 헌금을 했으니 계속 건축이 추진되면 자신들도 건축헌금을 해야 했고 부담스러웠을 것이다. 일단 건축위원회를 구성하고 장로 중 한 분이 건축위원장을 맡았다. 그리고 땅을 먼저 사는 것까지 결정이 되었다.

그런데 우리가 사려는 뉴저지의 이 교회 땅은 위치와 입지조건이 좋아 눈독을 들이는 곳이 많은 것을 알게 되었다. 사실 70~80만불이 시세였는데 여러 곳에서 관심을 가지다 보다 경쟁이 붙어 가격이 자꾸 올라가고 있었다. 나는 100만불까지 헌금을 한다는 마음이었기에 아무리 올라도 이 액수 안에서는 살 수 있으리라 믿었다.

그런데 한 달 사이에 계속 땅값이 오르더니 막상 계약을 하려고 하니 110만불까지 달라고 했다. 담임목사도 당황하며 내 눈치를 살폈는데 내 입장에서 이제 와서 땅 값이 올라서 못 사겠다고 하는 것은 아닌 것 같았다. 10만불이 더 추가 되지만 이 역시 내가 더 부담해 사겠다고 했다.

그런데 이 무렵 장로 한 분이 교회출석을 중단하셨다. 직접 듣진 못했지만 다른 분을 통해 교회건축에 부담을 느끼신 것이 이유라고 했다. 그런데 이것이 끝이 아니었다. 건축위원장을 맡았던 장로도 교회를 떠났다. 할 수 없이 내가 건축위원장 자리를 맡게 되었다.

얼마 후 목사님이 또 한 번 당회를 소집하며 난감한 표정을 지었다.

위치가 좋아 자꾸 경쟁이 되다 보니 땅값이 또 올라 120만불이 되었다는 것이다. 나도 이번엔 좀 그랬기에 발언권을 얻어 이렇게 말했다.

"제가 120만불까지는 땅 건축헌금으로 낼 수 있지만 그 사이 또 오른다면 이것은 하나님 뜻이 아닌 것으로 알고 포기하는 것이 좋겠습니다. 하나님의 성전을 짓는데 시세보다 계속 올라가는 것에 계속 같이 따라갈 필요는 없다고 봅니다."

이 날 당회록을 보면 김유봉 장로가 교회부지 땅값으로 120만불을 헌금하겠다고 하고 이에 동의, 재청이 된 것으로 기록으로 나와 있다. 결국 이 땅은 우리 교회가 120만불에 매입하기로 루터교회와 최종 계약을 맺었다.

나는 이제 120만불을 나누어 지불하는 계약서에 사인을 했고 이제 교회는 이 땅에 교회를 짓는 일만 남겨 두었다. 그런데 성도들의 표정도 밝지 못했다. 모두들 땅은 김유봉 장로가 헌금해 마련했지만 성전을 지어야 할 건축헌금을 계속 부담스러워 하는 것 같았다. 우리 교회 성도 규모와 예산에 너무나 큰 교회를 준비하고 있다는 눈치가 역력했다.

하나님의 일은 세상 일과 달라서 인간적인 눈으로 분석하고 평가해 안전한 길로만 가는 법이 없다. 무식해 보이기도 하고 도저히 안될 일만 같지만 성령 하나님이 주시는 힘과 능력에 의지하고 그 길을 따라가면 이루어지는 것이 하나님의 일이다.

  나 역시 이 무렵 재정의 상당액을 간편식으로 어디서나 데워 먹을 수 있는 곰탕캔 개발 사업에 투입하느라 교회부지 대금도 계약금 9만 불을 먼저 주고 나머지는 분할상환 및 모기지를 통해 갚기로 했다.

  그러나 교회건축의 길은 멀고도 험했다. 돈만으로 되는 것이 아니었다. 미국의 건축법은 건축허가를 받으면 건축을 하겠다고 신고한 그 기간에 반드시 지어야 했고 다양한 까다로운 조건을 다 풀고 통과해야 했다.

40여명의 성도가 시작한 교회건축

미국 뉴저지의 건축법은 건물을 지으려면 주정부의 허락을 받는 것은 당연하고 주민과 시정부가 함께 참여하는 공청회를 열고 시의원들의 찬성을 받아야 한다.

아무리 시에서 허가를 내 주어도 주민들이 반대하면 건물을 지을 수 없었다. 즉 학교 주변에 유흥시설이 들어오거나 주민들의 생활환경에 해가 되는 건물이 건축되는 것을 방지하기 위한 과정이었다.

그런데 우리 한소망교회가 산 땅은 루터교회가 소유한 땅이고 이곳에 한인교회를 세운다는데 특별한 이견이 있을 수 없었다. 이 지역은 주이시(Jewish)로 불리는 유대인들이 많이 살고 있었다. 그래서 시의원도 모두 주이시였는데 9명 모두에게 한인교회를 짓는 찬성표를 받아냈다.

시의회의 건축허가가 통과되면 땅주인이 건축하겠다고 신고한 건축물을 2년 안에 건축해야 한다. 이 2년을 넘겨 버리면 또 다시 공청회를 거쳐 허가를 받아야 하는 불편함이 따르게 된다.

그런데 우리 교회는 2년이 많이 남은 것으로 생각하고 차일 피일 시간을 보내다 이제 기간을 맞추려면 공사를 시작해야 할 다급한 시점을 맞게 되었다. 사실은 건축할 돈이 없어 시간을 허비할 수밖에 없었던 상황이었다.

열심히 기도하는 중에 다행히 당시 뉴저지의 크리스만 주지사가 모든 건축물 공사착공 준비기간을 2년에서 3년으로 1년씩 더 연장해 주었다. 건축이 불경기라 우리 교회처럼 건축허가를 받고 시작 못하는 곳이 많자 시에서 배려해 준 것이다. 1년의 시간을 더 벌기는 했어도 이 역시 빠른 속도로 지나가고 있었다.

허가 과정의 까다로움을 경험한 교회 입장에서는 당회를 열어 건축을 해야 할 시점에 왔다는 것을 알리고 성도들이 건축헌금을 각자 작정한 뒤 최선을 다해 내기로 했다.

이 무렵은 미국도 경기가 나빴고 성도들도 사업이 잘 되지 않아 헌금을 작정하고 본격적으로 성전건축을 한다고 하자 부담을 느낀 성도들이 하나 둘 빠져 나가는 것을 느낄 수 있었다.

장로 4분 중 두 분은 이미 다른 교회로 가셨는데 교회 건축을 본격적으로 한다고 하자 남은 한 장로도 결국 교회를 떠나고 말았다. 결국 장로로는 나만 홀로 외롭게 남게 되었다.

주변에서는 교회가 능력도 되지 않는데 너무 무리하게 건축을 추진하는 것에 상당한 불만을 가졌다. 드러내 반대를 하진 못하고 결국 교회를 등지는 것이었다. 나는 마음이 너무나 아팠다. 이렇게 성도가 30여명이나 떠나고 남은 성도는 40여명밖에 되지 않았다.

이 상황에서 내가 또 앞장서지 않을 수 없었다. 이미 땅값 120만불을 매달 열심히 나누어 갚아 나가고 있는데 사실 건축비까지 다시 작정하기엔 좀 무리였다. 나도 이참에 교회를 옮겨버릴까 하는 생각도 들었을 만큼 버거웠다.

그러나 곰곰이 생각하면 하나님께서 내게 100만불 헌금의 비전을 갖게 하고 그것을 실천하게 인도하셨다. 그리고 이 헌금으로 땅을 매입해 교회건축을 해야 하는 상황에 이르렀는데 이 역시 내가 힘들어도 함께 열심히 동참해야 한다는 생각이 들었다.

나는 다시 옥합을 깨뜨릴 준비를 했다.

지금 내 상황이 재정적으로 힘들지만 담임목사를 중심으로 성도들을 독려해 현실을 잘 헤쳐 나가야 한다고 여겼다. 그래서 아내와 상의한 뒤 건축헌금으로 30만불을 다시 작정했다.

나로서는 큰 결단이었다. 이 돈을 헌금할 충분한 재정 능력이 있는 것이 아니라 혼자 남은 장로로서 믿음으로 먼저 본을 보여야 할 필요가 있었다. 또 교회건축은 꼭 해야 할 상황에서 내가 나서야 한다는 사명감 때문이기도 했다.

주변에서 나의 이런 모습에 참 대단한 교회 헌신이라고 놀라워 하기도 했지만 엉뚱한 이야기도 들렸다.

그것은 '김용주 담임목사가 너무 욕심을 부려 교회건축하느라 뉴욕곰탕 가게가 곧 망하게 생겼다'느니 '목사가 60세 넘었는데 차분히 계시지 너무 뜬구름 잡는 것 아니냐'고 비아냥 거렸던 것이다. 내게도 '돈을 벌어 사업에 재투자도 해야 하는데 여기엔 신경쓰지 않고 헌금만 하는데 저러다 부도나면 어떻게 하느냐'며 우려의 눈길을 보냈다.

이런 우여곡절을 겪으며 드디어 교회건축이 시작됐다. 성도 40여명이 2만 평방피트(560여평)의 교회를 짓기 시작한 것이다. 온 성도가 하나로 뭉쳐지지 않으면 교회건축은 힘든 상황이었다. 그나마 힘들지만 '우리가 하나님이 기뻐하실 성전건축을 이루어 보자'는 마음이 교회 안에 팽배했다.

그래서 교회의 모든 행사와 예배에서 교회건축이 잘 이뤄지게 해달라는 기도가 빠지지 않았다.

그리고 교회건축을 위한 바자회를 수시로 열어 한인들을 초청했고 폐지까지 주워 한 푼이라도 더 건축에 보태려 노력했다. 주일날 세차를 봉사해서 건축비에 보태는 열성을 보였다. 교회건축에 늘 재정이 부족했지만 전 성도가 기도로 뭉쳐 문제를 해결해 나갔다.

한번은 공사비가 지급되지 않아 더 이상 공사를 할 수 없다는 통고를 받았다. 공사는 계속 이어져야지 중단이 되면 자재관리 등 문제가 발생해 더 큰 손해가 일어나기 십상이었다.

공사책임자를 만나 보니 지금 당장 10만불을 주지 않으면 정말 공사를 중단한다고 통보했다. 더 이상 참을 수 없다고 했다. 그러나 교회도 재정이 바닥이고 나 역시도 10만불이 잔고로 있을리 없었다.

난 공사책임자에게 최대한 공손하게 교회의 형편을 말하고 이번주 토요일에 5만불, 다음주 토요일에 5만불을 지급할 테니 제발 공사를 계속해 달라고 부탁해 타협을 보았다.

나는 하나님께 다음 주까지 5만불을 채워주실 것을 간절히 기도했다. 그리고 채워질 것을 믿고 약속대로 토요일에 내 수표책을 꺼내 5만불 수표를 써 주었다. 그런데 이 수표를 가져간 여직원이 수표를 은행에 입급하고 나니 내가 5만불 수표를 5000불 수표로 잘못 발행했던 것을 알게 되었다.

여기에는 시간을 벌게 한 하나님의 섭리가 있었다. 급한 불은 끄도록 하나님께서 교회상황에 세밀하게 역사하신 것이다. 나는 이것을 깨닫고 감사기도를 드렸다.

나는 이런 기적같은 일이 있었음을 아내에게 말하고 혹시 돈이 좀 있는지 물어 보았다. 하나님께서 우리 가정의 헌신을 통해 성전을 짓게 하시는데 힘들지만 우리가 최선을 다해야 하지 않겠느냐고 했다.

그러자 아내가 항아리 안 깊숙한 곳에 숨겨 두었던 마지막 비상금을 들고 나왔다. 얼마나 돈이 오래됐는지 습기를 머금고 곰팡이가 핀 돈도 있었다. 현재 당장 공사에 필요한 5만불이었다. 눈물이 핑 돌았다. 이번에도 아내가 조금씩 모으고 모은 돈을 하나님께 다시 올려드리게 된 것이다.

성전건축이 정말 힘들었다. 재정이 계속 부족했기 때문이다. 한번은 내가 한국에서 열리는 국가조찬기도회에 초청을 받아 나가게 되었는데 당시 대통령이 김영삼 장로였다. 대통령이 기도회에 참석하니 당연히 영부인인 손명순 여사도 참석할 것으로 예상이 되었다.

그런데 교회 담임 목사님께서 손명순 여사와 연줄 연줄로 좀 아시는지 해외협력 차원으로 교회건축 지원을 요청하는 편지를 써서 봉한 뒤 내가 국가조찬기도회에 참석하면 영부인인 손 여사에게 꼭 전달하라고 부탁하셨다.

한국에 와서 국가조찬기도회에 막상 참석하니 참석자만 3000명 이상이라 경호원들의 경계가 아주 삼엄했다. 내 좌석과 손명순 여사의 좌석과는 직선 40m 정도 거리가 있었다. 그런데 분위기상 내가 그쪽으로 걸어 가기가 쉽지 않았다.

그러나 편지는 전달해야 했고 기도순서가 끝나기 무섭게 뚜벅 뚜벅 걸어가 손 여사 앞으로 다가갔다. 순간 옆에 앉아있던 여성이 나를 바로 가로 막았다. 청와대 여성 경호원이었던 것이다. 나는 그래도 편지를 손 여사 자리 위해 올려 놓고 뉴욕에서 가져온 편지라고 짧게 말한 뒤 내 자리로 재빠르게 돌아왔다. 얼굴에 식은 땀이 쭉 흘러내렸다. 마치 내가 비밀지령을 전하는 밀사라도 된 기분이었다.

그 편지가 손 여사에게 잘 전달되어 제대로 읽혀졌는지 모르지만 이처럼 교회건축에 전 성도가 한 마음으로 헌신했다. 돌이키면 이 때 어려운 가운데도 믿음으로 교회건축에 헌신한 신앙가정들이 참 많다.

지금 그 분들의 가정을 돌아보면 모두 하나님이 주시는 복을 받아 잘 살고 있다. 하나님 안에서는 결코 그냥이 없다. 드리고 헌신한 만큼의 은혜와 복이 내게 오든지 아니면 자녀, 손자에게까지 대대로 미친다.

우리 가정도 매일 저녁 아이들 셋과 가정예배를 드렸다. 모두 미국에서 태어난 아이들이라 한국어가 서툴렀다. 그래서 예배시간에 무조건 한국어로 성경을 한 구절씩 쓰게 한 뒤 함께 예배를 드렸다. 이렇게 한국말을 쓰며 예배를 드린 덕분에 아이들이 미국에서 태어난 다른 교포 2세들에 비해 한국어를 다 잘 하는 편이다.

하나님은 당신을 영화롭게 하고 영광을 돌리며 이름을 높이는 성도들을 어여삐 여기시고 그 삶을 축복의 길로 인도하길 원하신다.

숱한 우여곡절과 교회의 성도들이 나가는 아픔까지 겪으며 추진해야 했던 교회건축이었다. 하나님의 기적은 이런 불같은 시련들을 통과해야 아름다운 결실을 맺는 것인지도 모른다.

감격과 눈물의 교회 준공예배

뉴욕곰탕 가게는 잘 되었지만 작정한 교회 땅 값에 추가 건축헌금까지 마련하느라 말 그대로 너무나 힘들고 벅찼다. 열심히 버는 돈이 다 헌금으로 올려 드리는데도 부족했다.

그러나 하나님께 드리는 일을 기쁨으로 해야지 불평하면 안된다고 여겼다. 아내와 이렇게 드릴 수 있음을 감사하자고 했다. 이 가운데 하나님께서는 우리에게 예상치 않았던 선물을 주셨다. 곰탕과 기본적인 한식을 팔던 우리 가게에서 숯불갈비를 시작하게 인도해 주신 것이다.

이 무렵 우리는 최대한 지출을 아끼고 돈을 모아 헌금을 하느라 지배인을 내보내고 아내가 식당의 홀 책임을 맡으며 카운터까지 보았다. 아이들 챙기고 집안 일만 해도 바쁜 터에 교회 일에 가게 일에 아내는 잠을 언제 자는지도 모르게 하루하루를 바쁘게 지냈다.

그런데 하루는 아내가 카운터를 보는 중에 점잖은 중년 남자 한 분이 손님으로 들어와 곰탕을 맛있게 드셨다고 한다. 아내는 처음 보는 분이라 식사 잘 하셨느냐며 인사를 했는데 가게를 이리저리 살펴 보더니 이렇게 말했다고 한다.

"곰탕이 아주 맛있네요. 저는 LA에서 왔습니다. 제가 보니 1층에는 곰탕을 팔고 2층에서는 숯불갈비를 팔면 더 좋겠습니다. 장사가 더 잘될 것 같습니다."

아내는 좋은 말씀 감사하다며 손님을 보내고 한참 지나서 그 중년 손님의 말이 맞다고 느껴졌다. 우리가 세든 32번가 뉴욕곰탕 건물은 6층인데 1층만 세들어 쓰다 손님이 점점 더 많아지면서 2층을 더 빌려 쓰고 있던 중이었다. 나중엔 3층까지 더 빌려 쓰게 되었지만 이 때는 1층과 2층을 사용하고 있었다.

아내는 기도를 하더니 내게 이렇게 말했다.

"여보. 하나님께서 우리에게 천사를 보내 아이디어를 주신 것이라 믿어요. 미국은 고기가 저렴하니 양념갈비와 왕갈비 등을 숯불에 직접 구워 팔면 지금보다 훨씬 수입이 커질 것 같아요. 기도 가운데 하나님께서 주신 지혜임을 깨달았어요. 우리가 이것을 모르고 있으니 천사를 보내신 것이라 여겨지네요."

온 가족이 절약하며 대지구입비용과 건축 헌금까지 해 완공된 뉴저지 한소망교회.

깊은 기도를 하는 아내이기에 나는 이 말에 순종했다. 바로 2층을 숯불갈비를 직접 구울 수 있도록 새롭게 시설을 하고 양념갈비와 생갈비 등을 팔기 시작했다.

미국에는 고기가 싸고 흔하지만 집에서 숯불로 고기를 구워먹기는 쉽지 않다. 불을 피우면 냄새가 많이 나기에 꼭 정원에서만 구워야 한다. 그런데 우리 뉴욕곰탕 가게에 오면 한국식 양념갈비를 종업원이 직접 구워주니 금방 소문이 나면서 손님들이 몰려들었다.

곰탕 등 일반 식사는 1인당 10불 이내지만 숯불고기를 먹으면 40-50불이 훌쩍 넘는다. 당연히 수입도 늘었다. 지금도 아내는 이 2

층에서 갈비를 팔게 된 것이 하나님께서 천사를 보내 깨닫는 지혜를 주신 결과인 것을 굳게 믿고 있다.

성전건축을 하다 돈을 지불할 때가 되면 교회에서는 모두 내 눈치만 보았다. 한편 답답하기도 하고 건축헌금에 열심을 내지 않는 성도들이 원망스럽기도 했지만 기도하면서 이런 상황을 잘 이겨 나가자고 나를 다독거렸다.

이렇게 경제적으로 긴축하다 보니 아이들에게도 남들처럼 충분하게 잘해주지 못했던 것 같다. 한국이나 미국이나 사는 모습은 거의 같다. 아이들은 학교에서 비싼 나이키 신발을 신고 폴로 등 유명 브랜드 옷을 입고 브랜드 가방을 들며 친구들에게 뽐내길 원한다.

그런데 아내는 아이들에게 이런 유명 브랜드 상품을 거의 사주질 않았다. 늘 마트에서 세일하는 값싼 옷에 값싼 신발을 사주었다. 지금 생각하면 아이들에게 상처였을 수도 있다고 느껴진다.

그러나 당시엔 아이들도 가족이고 다 함께 절약에 동참해 성건건축에 힘을 모아야 한다고 생각했다. 이 사실을 가정예배를 인도하며 귀에 못이 박힐 정도로 늘 강조했기에 아이들도 큰 불평없이 잘 따라주었다.

한 번은 가정예배를 드리면서 "너희들에게 비싼 신발을 못 사주었지만 하나님이 이 모든 것을 아시고 너희들의 앞날을 잘 인도해 주시고 축복해 주실 것"이라고 말하는데 나도 모르게 울컥 울음이 터져 나왔다. 그런데 함께 예배드리던 아내와 아이들 모두가 울음을 터뜨렸다. 우리는 다 함께 울면서 예배를 드렸던 기억이 난다.

사실 절약은 당시 내가 가장 모범을 보였다. 건축헌금을 마련하고 하나님께 올려 드리는 이 수 년간 제대로 된 옷 한 벌 사 입지 않았다. 내가 출석하는 교회 홈페이지에 당시 상황을 기록한 역사 기록이 있는데 '김유봉 장로는 그런 거액의 건축헌금을 했음에도 90년대 중반까지 다 헤어진 70년대 양복을 입고 다녔다.'라고 쓰여진 내용이 있어 보고 웃은 적이 있다.

이것은 사실이었다. 당시 구역예배를 드리고 같은 자리에서 식사할 때 나는 항상 허리띠를 풀어 놓아야 했다. 처음 보는 이들은 이런 나를 아주 예의없는 사람으로 오해하기 십상이었는데 그 이유가 있었다. 사실은 몸에 맞는 바지가 없었던 것이다. 서 있을 때는 바지가 작아도 어떻게 견디는데 양반다리로 앉으면 허리가 조여 허리띠를 풀지 않을 수 없었던 것이다.

이렇게 내가 온 가족과 절약하면서 할 수 있는 모든 힘을 동원했고 전 성도의 기도와 헌금으로 드디어 본당과 친교실 등 약 21만 평방피트(300여평)의 성전을 완공했다. 처음 설계 보다는 약간 작아진 규모였지만 우리 교회 성도수에 비하면 엄청나게 큰 성전이었다.

1998년 8월 2일은 성전입당감사예배를 드리는 날이었다. 나와 아내는 감격의 눈물을 흘리지 않을 수 없었다. 김용주 담임목사와 온 성도들과 서로 얼싸안고 하나님께 영광을 돌리며 기쁨을 나누었다. 40여 명의 성도로 이 성전을 건축한 것이 기적 중의 기적이라고들 했다.

입당을 기념해 한국에서 장경동 목사님을 강사로 초청, 입당예배 직전까지 부흥회를 열었다. 특유의 입담과 깊이 있는 말씀으로 교회 모든 성도들에게 큰 은혜와 감동의 시간이 되었다.

드디어 입당예배를 드리는 날, 우리 부부는 성전 안 강대상이 놓여진 위치를 보면서 깜짝 놀랐다. 우리 부부는 이 땅을 매입한 후 교회가 예산이 없어 성전을 짓지 못하고 있을 때 새벽예배를 드린 후 이곳 부지에 들러 땅 밟기 기도를 하곤 했다. 이곳에 하루 빨리 주님이 기뻐하실 하나님의 전이 지어지길 간구한 것이다.

이렇게 기도하던 어느 날, 아내가 근처 나무를 엮어 십자가를 만든 뒤 건축부지 한 곳에 이 십자가를 꽂고 우리 부부가 손잡고 함께 기도했다. 기도 후 우리 부부는 찬송가 382장 '허락하신 새 땅에 들어가면서'를 힘차게 부르며 집으로 돌아왔었다.

그런데 우리가 나무 십자가를 꽂았던 바로 그 자리가 강대상 자리로 설계되어 우리 눈 앞에 펼쳐져 있었던 것이다. 1차 설계 때에는 다른 곳이 강대상 위치였는데 설계가 바뀌어 이곳이 강대상이 되었다고 했다. 우리 부부는 이 사실이 더 감격스러워 감정이 벅차 올랐다.

우리가 정말 눈물 뿌려 성전건축을 위해 기도했고, 최선을 다해 헌금한 것을 다 안다고 해주시는 하나님의 표증인 것 같아 그 은혜에 감격한 것이다.

모두가 이 성도 숫자론 힘들다고 했던 성전건축이 결국은 하나님의 은혜로 이루어졌고 이로 인해 교회는 놀라운 성장의 계기를 맞게 된다. 결국 하나님께 더 큰 영광을 올려 드리게 되었던 것이다.

불가능 하게만 보였던 교회건축이었다. 모두들 부정적으로 말했고 많은 성도들이 이로 인해 교회를 떠났지만 결국 하나님은 승리하게 해 주셨다.

준공 예배를 드리고 온 날 저녁, 아내와 나는 그 감격과 감사의 흥분이 좀처럼 가라앉지 않았다. 우리는 다시 서로 손을 잡고 주님께 깊은 감사 기도를 올려 드렸다.

경찰서 유치장에서 얻은 깨달음

우리는 인생을 살면서 전혀 예상치 못한 황당한 일을 겪거나 사건 사고를 만나기도 한다. 보통 이럴 때 우연하게 일어난 일이라거나 일진이 나빠 생긴 것이라며 애써 잊어버리려고 한다.

그런데 크리스천이라면 이 가운데 하나님의 섭리나 뜻이 숨겨져 있는 것인지 영적으로 진단해 보려고 노력해야 한다. 보통 좋은 일 기쁜 일에는 하나님께 감사하며 영광을 돌린다고 말하면서 그 반대인 경우에는 신앙적인 의미를 부여하지 않으려 하는 편이다.

나 역시 이런 신앙 체험을 한 경우가 많다. 우리는 자신에게 일어난 여러 일들을 통해서 현재의 나를 잘 돌아보고 그 가운데 하나님의 뜻을 찾아야 한다고 생각된다.

1999년으로 기억한다. 시무장로로 교회를 건축해 입당을 하고 난 뒤 관련된 여러 행정업무를 처리하는데 이리저리 해야 할 일들이 참 많았다.

당시 나는 교회의 재정위원장과 건축위원장을 모두 맡아 바쁜 곰탕집 운영 외에도 교회 사무를 처리하는 일에 시간을 아주 많이 빼야 했다.

나는 영어가 능숙하지 못했다. 간신히 생활영어나 했지 관공서에서 업무를 보고 사무를 처리하기엔 당연히 미숙했다. 그래서 영어가 능숙한 담임목사 사모님에게 부탁해 같이 업무처리를 보러 다니곤 했다.

어느 한 주간은 일이 많이 겹쳐 여러 번 사모에게 통역을 부탁했던 것 같다. 그 때마다 사모는 쾌히 나서서 도움을 주곤 했는데 본인도 자주 통역일을 하다 보니 힘이 들었고 집에 가서 남편인 목사님에겐 불평을 하시지 않았나 싶다.

추측해 보면 일도 많고 바쁜데 김유봉 장로가 자꾸 불러 통역을 요청해 힘들다고 하셨을 것 같다. 내 경우는 교회 일이고 나도 이 일로 봉사를 하는데 사모님이 나서서 도와 주는 것은 당연하다고 여겨 거리낌 없이 수시로 요청한 것이기도 했다.

그런데 담임목사님이 어느 주일 저녁예배 설교에서 내 머리를 '쾅' 하고 때리는 듯한 내용의 말씀을 하시는 것이었다. 자연스럽게 설교 예화로 쓰는 듯 하면서 "교회 어느 장로가 사모를 종 부리듯 하는데 이는 잘못된 것이다. 누구나 다 바쁘고 스케쥴이 있는데 아무 때나 막 불러서 도와 달라고 하는 것은 예의가 아니다"라고 설교하는 것이었다. 이는 누가 들어도 나를 지칭하는 것이 분명했다.

나는 갑자기 이성을 잃을 정도로 화가 났다. 이것이 내 개인 일이 아니고 교회 일을 보느라 그런 것이고 사모로써 교회 일의 통역을 도와주는 것이 당연한데 이렇게 공개적으로 나를 지칭해 망신을 줄 수 있는 것인지 이후 설교는 아무 것도 내 귀에 들어오지 않았다. 더구나 내가 건축위원장이 아닌가.

몸에 열이 날 정도로 부아가 난 나는 예배가 끝나고 나가면서 모두들 담임목사와 악수를 하는데 나는 목사님 얼굴을 외면한 체 그냥 나와 버리고 말았다. 그리고 뉴욕곰탕 식당으로 가서 화를 삭이며 내일 판매할 식재료를 체크했다.

그런데 내가 몰던 벤이 식당 주차장에 세워둔 어느 한인 젊은 부부의 차와 살짝 접촉사고를 낸 것 같았다. 내가 교회에서 너무 흥분한 부주의로 차가 살짝 부딪친 것 같은데 나는 이 접촉사고 사실도 모른 채 여전히 화가 잔뜩 나 있었다.

그런데 이 차사고 문제로 나를 찾아온 젊은 부부와 옥신각신 하다가 그들이 신고를 했는지 경찰이 출동했다. 경찰은 나에게 면허증을 요구하기에 지갑에서 꺼내 주었다. 그런데 내가 이전에 차 보험료를 다 지급했음에도 한 보험회사에서 처리를 하지 않은 내 기록을 남겨 놓았던 것 같았다.

면허증 조회 결과를 본 경찰은 갑자기 내게 양 손을 내밀라고 하더니 그 자리서 수갑을 덜컥 채우는 것이었다. 그리고 곧장 경찰서로 데려가 나를 유치장에 수감시켰다.

난생 처음 겪는 일이라 너무나 놀랐다. 수감 전에 귀중품과 혁대를 맡기게 했다. 황당하고 무섭기도 했지만 미국은 경찰엔 무조건 복종해야 한다. 한국처럼 "왜 그러나"고 경찰에 항의하고 큰소리를 쳤다간 바로 공무집행 방해죄로 더 큰 댓가를 치르게 된다. 반항하다 총격을 당해도 경찰은 정당방위가 된다.

유치장 안에는 덩치가 산만한 흑인들을 중심으로 경범죄를 저질러 체포된 20여명이 우글거렸다. 행려자, 거지, 사기꾼, 마약범 등 갖은 죄명으로 온 사람들이었다.

난생 처음 수갑을 차고 이런 곳에 장로인 내가 오다니 너무나 수치스럽고 부끄럽고 화가 나기도 했다. 아내와 담임목사에게 연락은 했지만 주일 저녁이라 도와줄 수 있는 부분은 없고 월요일인 내일 아침에 보험사에서 정리된 서류를 가져와 보여주고 나와야 한다고 했다.

그런데 나와 유치장에 수감됐던 이들이 하나 둘 다 훈방이 되고 밤 11시가 되니 나 혼자 덩그러니 남게 되었다. 유치장을 지키는 경찰이 내게 다가와 "이런 경우가 거의 없는데 미스터 김이 혼자 독방을 쓰게 되어 행운아"라며 농담을 걸었다.

나는 순간 하나님이 기도하도록 혼자 남겨 주신 것이란 생각이 들며 두 눈을 지긋이 감았다. 처음엔 목사 설교건도 그렇고 보험 처리서류가 잘못돼 이곳까지 온 것이 억울하기 그지 없었다. 계속 씩씩거리기만 했다.

그러다 갑자기 성경 속 인물들이 생각나기 시작했다. 요셉과 다니

엘, 느헤미야 등등 고난을 통해 믿음을 키우고 주님의 사람으로 더 크게 쓰임받은 인물들이 떠오른 것이다.

그러면서 조용히 눈을 감고 기도를 하는데 갑자기 깨달음이 오며 회개가 터져 나왔다.

"하나님. 용서해 주세요. 하나님이 세우신 주의 종인 목사님이 강단에서 선포한 말씀에 분을 내고 원망했습니다. 제 입장만 내세우고 혼자 판단했습니다. 하나님 아직도 저는 믿음이 부족합니다. 하나님이 저의 분냄과 부족을 용서해 주시고 이번 일을 통해 교회에 더욱 충성하는 신앙인이 되게 해 주세요."

밤새 기도했다. 그동안 기도생활을 잘 못하니 하나님께서 스페셜 기도굴로 나를 데려다 기도하게 하신 것이라 여기니 오히려 감사했다. 다음날 목사님이 변호사를 세워 서류를 떼어 훈방조치 되도록 도와주었다. 나는 목사를 원망하고 외면까지 했지만 결국 안 계셨으면 며칠간 이곳 신세를 졌을 것이다.

이 일로 나는 주의 종, 목사에게 화를 내거나 목사를 공격하는 일은 결코 해서는 안 된다는 것을 배웠다. 기름부음을 받은 주의 종은 하나님의 영역권 안에 있기에 인간이 판단하고 정죄할 것이 아니라 잘못이 있으면 하나님께서 처리한다는 사실이다.

그런데 하나님은 이후 또 한번 나를 경찰서 유치장에 수감시켜 정신을 바짝 들게 하셨다.

　나는 차이나타운에 있는 시장에서 식재료나 비품을 자주 사곤 했다. 가격이 저렴하기 때문이다. 하루는 15불짜리 주방기구를 산 뒤 다른 것들을 사고 돌아보다가 똑같은 주방기구가 있기에 가격을 물었더니 10불이라고 하는 것이 아닌가.

　나는 데리고 간 직원에게 가서 15불짜리 주방기구를 반품하라고 시켰다. 왜 그러느냐고 물으면 우리 식당과 사이즈가 안 맞는다고 거짓말을 하게 했다.

　그런데 이날 식당으로 돌아오다가 차가 신호위반을 하게 되었고 하필이면 이것이 교통경찰에게 딱 걸리게 되었다. 또 내게 면허증을 보여달라고 했는데 이번에도 수갑을 덜컥 채우는 것이었다. 나중에 알았지만 그 때까지도 보험건이 행정적으로 말끔하게 처리가 안 되었던 것이다. 이번엔 보험사와 전화 확인으로 바로 나오긴 했지만 이 일로 또 한번 신앙의 교훈을 얻게 되었다.

　그것은 신앙인으로 하나님을 믿는 자라면 남의 본이 되어야지 부끄러운 행동을 해서는 안 된다는 사실이었다. 이번 경우도 솔직하게 이야기 하고 반품하면 될 일을 장로가 되어 거짓말을 하게 한 것이 심히 부끄러웠다.

　하나님의 사람은 자신의 유익보다 남의 유익을 생각해 주는 아량과 덕이 있어야 한다. 내 이익만을 앞세우면 안 된다. 나는 빌립보서 말씀을 통해 이를 확인할 수 있었다. 어려움은 겪었지만 말씀을 깨달게 되니 감사했다.

"그리스도를 믿는 것이 여러분에게 힘이 되고 있습니까? 그리스도의 사랑으로 위로를 받고 있습니까? 성령 안에서 서로 교제하며, 친절과 동정을 베풀고 있습니까? 그렇다면 서로 한 마음으로 사랑을 나누고, 한 뜻으로 하나가 되십시오. 무슨 일을 할 때, 이기적이거나 교만한 마음을 갖지 말고, 겸손한 마음으로 나보다 다른 사람을 더 존중해 주십시오.

자기 생활을 열심히 하면서 다른 사람이 하는 일에도 관심을 가져 내 마음에 기쁨이 넘치게 해 주십시오." (빌립보서 2장1-4절)

뉴욕곰탕 6층 건물을 사기까지

우리 뉴욕곰탕 가게가 세들어 있는 맨해튼 32번가 건물은 총 6층이다. 1982년에 옮겨간 이곳 건물은 유태인 하워드 씨와 이태리인인 피어리 씨 두 사람이 공동소유를 하고 있었다.

장사가 잘 되어 1984년에 1층에 이어 2층을 또 세 내었고 86년에는 3층까지 세 내어 숯불갈비를 팔았다. 갈비를 드실 손님은 3층으로 모두 올라왔다. 갈비는 미국에서도 비싸게 팔아 곰탕 드시는 손님과 매상이 확 달랐다.

이렇게 6층 중 3개층 건물을 쓰게 되다 보니 매달 내가 내는 렌트비도 만만치 않았다. 미국은 건물주가 세입자를 일일이 관리하기 힘드니 한 사람에게 관리권을 주어 관리를 맡기고 모아진 임대료를 한꺼번에 받아가는 곳이 많다. 세입자 개개인을 관리하기 힘드니 맡겨 버리는 것이다.

이는 전문빌딩관리인이나 회사가 있어 이를 관리해 주도록 계약도 하지만 세든 사람 중 한 사람이 그 역할을 하기도 한다. 내 경우도 이 건물의 반을 쓰고 있으니 나머지도 내가 관리해 매달 임대료를 모아 보내 주는 것으로 빌딩주 두 사람과 계약을 했다.

따라서 내가 나머지 위의 3개 층 건물을 좋은 가격에 세를 잘 놓으면 내가 내는 월세가 차감되니 도움이 많이 받는 구조가 된다. 그런데 반대로 공실이 생기면 이 부분도 내 책임이 되어 계약에 의한 임대료는 내가 꼬박꼬박 주인에게 내야 하므로 손해를 보게 되는 경우도 생긴다.

그러니 관리를 잘 해서 세를 잘 내는 가게들을 유치해야 했다. 그런데 세를 비싸게 주고라도 들어 오겠다고 하는 곳은 술집이나 노래방 등 유흥업소가 대부분이었다.

그러나 교회 장로인 나로서 하나님이 기뻐하지 않을 유흥업소는 결코 허용할 수 없었다. 신앙양심까지 버리며 돈을 벌고 싶지 않았다. 술집은 월 3000불을 주더라도 들어오겠다고 하지만 난 1000불을 받더라도 사무실 임대를 고수한 것이다.

그러다 보니 주로 사무실이나 식당, 미용실 등을 주어야 하는데 실패해 나가버린 공간에는 권리금을 제대로 받기도 힘들었다.

한번은 6층에 인터넷을 사용하게 하는 컴퓨터방을 세 주었는데 장사가 안 되어 나가게 되었다. 한동안 공실로 있다가 노래방을 겸한 술집을 하겠다는 세입자가 나왔다. 마음에 들지 않아 고민을 하는 내게

오랜 기간 한인 동포들의 사랑방 역할을 한 뉴욕 32번가 코리아타운의 뉴욕곰탕 건물. 1층을 빌렸다가 3층까지 다 썼고 나중에는 건물 전체를 매입했다.

권리금도 무려 10만불을 내겠다고 해 내 귀를 솔깃하게 만들었다. 그러나 영 마음이 개운치 않아 하나님께 기도했다.

"하나님. 술집은 세주고 싶지 않습니다. 그렇지만 계속 비워둘 수 없으니 어떻게 해야 하나요. 더구나 권리금으로 낸다는 10만불은 당장 엘리베이터를 바꾸는데 필요한 돈입니다."

기도한 바로 그 날 저녁, 칼국수집을 하겠다는 한 부부가 찾아왔다. 이미 내 마음은 먼저 계약으로 마음이 굳어진 상태였다. 그런데 지금 온 이들 부부가 칼국수를 하면서 권리금을 10만불이나 내겠다고 할 것 같지는 않았다. 그런데 놀라운 기적이 일어났다.

이들 부부는 이곳에서 꼭 칼국수집을 하고 싶다며 권리금도 20만 불을 내겠다고 하는 것이었다. 나는 너무나 놀라 정신이 멍했다. 하나님께서 이 건물을 지켜 주신 것이 분명했다.

나는 내가 관리해 오던 이 32번가 6층 건물을 1996년에 매입하게 된다. 이 과정도 기적이었다. 하루는 공동소유자인 건물주 피어리 씨가 나를 찾아와 자신이 가진 빌딩의 반 지분을 사라고 했다. 나도 늘 이 건물이 마음에 들어 샀으면 했던 터였다.

곧장 한인 변호사를 불러 반 지분을 사는 것에 계약을 하려는데 내 변호사가 계약조건이 너무 까다롭다며 거부를 하는 것이었다. 나는 오랫동안 이곳에서 장사를 해왔고 돈도 많이 번 곳이고 건물에 대한 정도 많이 들어 반 지분이라도 꼭 사고 싶었다.

결국 몇 곳의 계약 내용을 새로 고쳐 반 지분을 매입하게 됐다. 난 너무나 흐뭇했다. 이제 하워드 씨의 지분만 사면 이 빌딩은 내 것이 되는 것이었다.

그런데 건물을 판 사실을 나중에 알게 된 하워드 씨가 바로 계약무효 소송을 제기했다. 원래 공동소유의 경우 반 권리를 살 수 있는 1순위가 공동지분의 상대인데 이를 무시하고 세입자에게 팔았다는 것이 소송의 이유였다. 피어리 씨는 하워드에게 먼저 연락을 취했는데 하워드가 장기 휴가 중이라 연락이 안 되었고 돈이 급해 팔았노라고 진술했다.

우리 측도 변호사를 사서 하워드 씨와 소송에 따른 대응을 하는데 재판이 제법 오래 걸렸다. 이러다 보니 빌딩이 내야 할 세금이 자꾸 밀렸고 나중엔 무려 40만불이나 체납이 되었다.

드디어 판결이 이루어지는 마지막 날이 되었다. 크리스마스를 며칠 앞둔 즈음이었다.

내가 의뢰한 변호사에게 최종 확인한 결과 우리가 결국 재판에 져서 이번 계약은 무효이며 내가 건물에서 나가야 하는 상황이 된다고 했다. 정신이 아득했다. 그동안 밀린 세금도 내가 다 처리를 해야 한다니 막막하기만 했다.

5시면 법원의 모든 업무는 끝나는데 심리를 하다 보니 4시 30분이 되어서야 판사가 최종 판결을 선고하는 시간이 되었다.

그 선고 직전에 내가 손을 번쩍 들었다. 나도 내가 왜 손을 들었는지 이해가 되지 않는다. 그냥 어떤 힘에 이끌려 손을 든 것이라고 해야 맞을 것 같다. 그리고 판사가 발언권을 주자마자 내가 한 말도 내 의지대로 한 말이 아니었다.

"존경하는 판사님. 선고가 내려지기 전에 제가 잠시만 전화를 해도 되겠습니까. 지금 제 마음이 너무나 힘들어 제가 출석하는 교회 목사님에게 전화를 걸어 기도를 받고 싶습니다. 허락해 주십시오."

기독교 국가인 미국은 목사나 신부 등 성직자는 어디서나 존경을 받고 우대를 받는다. 아마 한국 같으면 재판 중에 목사에게 전화해 기도받고 싶으니 휴정해 달라고 하면 미친 사람 취급을 받겠지만 미국은 이것이 수용되는 나라다.

잠시 고개를 갸우뚱 하던 판사는 그렇게 하라고 하더니 15분간 휴정을 하겠다고 하며 재판봉을 두드렸다.

나는 정말 김용주 담임목사에게 전화를 해 재판상황을 설명하고 기도를 받았다. 4시 45분 재판이 속개됐는데 판사가 시계를 쳐다 보았다. 아마 아까 보았으면 휴정을 안 했을 것이 분명한데 지금은 4시 45분이니 선고는 2주 후에 하겠다고 재판봉을 다시 두드리는 것이었다.

상대편 변호사가 거의 울상이 되어 있었다. 나는 또 시간을 벌었는데 이 사이 놀라운 일이 일어났다. 다시 연기된 그 2주간 사이에 판사들의 인사이동이 있었고 우리 사건 담당 판사가 바뀌어 버린 것이다.

그러다 보니 우리 사건을 배정받은 신임 판사가 내용을 파악하느라 계속 심리가 연기 되었고 판결도 바로 내려지지 않았다. 그런데 이번엔 재판에 너무 지쳐버린 유태인 하워드 씨가 나를 찾아왔다.

"미스터 김. 나 하워드요. 나도 이제 재판하는 것에 지쳤어요. 그리고 이 건물도 미련이 없어졌어요, 그러니 미스터 김이 원하면 내가 가진 나머지 반 빌딩지분도 사세요. 팔겠습니다."

이 제안을 마다할 이유가 없었다. 결국 나는 1982년에 임대로 들어간 6층 건물을 소유하는 빌딩주인이 된 것이다. 당시 조금씩 자리를 잡아 가던 뉴욕 교포사회에서 이 정도의 큰 건물을 산다는 것은 아주 놀라운 뉴스였다. 더구나 뉴욕의 중심부 맨해튼 32번가에서 말이다.

하나님께서는 우리 부부가 열심히 일하면서 또 최선을 다해 하나님의 교회를 건축하는데 헌신한 것을 기억해 건물매입을 허락해 주셨다고 나는 믿는다. 그리고 그 모든 과정에 세세히 간섭하시고 역사해 주셨음을 피부로 느낄 수 있었다.

하나님 앞에 드린 헌신과 봉사는 언젠가 더 큰 은혜와 복으로 반드시 돌아온다. 이것은 오랜 신앙생활을 하면서 내가 체험한 신앙의 여러 진리 중 분명하고 정확한 사실의 하나이다.

미국의 저력은 청교도 신앙에서 나온다

 1620년, 100여 명의 영국 청교도들이 메이플라워호를 타고 신대륙을 향해 떠났다. 청교도에 대한 박해가 심해지자 신앙의 자유를 찾아 떠난 이들은 지금의 매사추세츠에 위치한 플리머스라는 곳에 배를 대고 정착했다.

 지금 이곳은 당시의 모습을 잘 재현해 놓아 이곳을 찾는 이들에게 미국의 초기 역사를 눈으로 이해하도록 도와주고 있다.

 청교도들이 도착했을 당시의 플리머스는 인간의 주거여건이 전혀 조성되어 있지 않은 척박한 곳이었다. 도착 직후 그들은 혹독한 추위 속에 겨울을 보내야만 했다. 그들은 어려운 시기를 오직 기도를 통한 신앙과 신념으로 이겨냈다. 그리고 결국 자신들이 원하던 새로운 신앙공동체를 세웠다.

 이곳이 바로 전 세계 최고 강대국으로 세계 경제를 쥐락 펴락 하는 미합중국(United State of America)이다. 이들이 건설한 공동체는 경제적인 부를 추구하는 것과는 무관한 순수한 기독교 공동체였다.

메이플라워 선상에서 41명의 청교도가 정부를 구성하기 위해 하나의 정치 통일체로 결속할 것을 서약했다. 이것이 '메이플라워 서약'이다. 청교도들이 배에서 내려 첫발을 디딘 바위인 '플리머스 록' 등 이들 순례자에 얽힌 일화가 오늘날 미국의 탄생과 연결된다.

미국은 종교탄압과 신분 차별을 없애고 자유와 번영의 새로운 세계를 건설한 청교도들의 개혁 정신은 오늘날까지 미국 사회를 이끄는 정신적 원동력이 되고 있다.

이렇게 청교도 신앙으로 세워진 이 축복의 땅, 미국도 시간이 흐르고 해외 이민자들이 들어와 다민족 사회가 되면서 라스베가스 같은 환락의 도시도 생기는 등 엄청난 변화의 소용돌이를 맞이했다. 성경의 가치가 점점 사라지는 가운데 동성애를 인정하고 세속주의 물결이 전통 보수주의 신앙을 점점 밀어내고 있다.

그 결과 청교도 신앙의 정신이 이 세속에 파묻히고 믿음이 사라지면서 미국을 받들고 있던 신앙의 기초가 점점 무너져 가고 있는 것이 사실이다. 신앙인인 나로서는 미국에 살면서 이 사실을 매우 안타깝게 여기고 있었다.

이것은 나만의 생각이 아니라 신앙의 역사가 변질되는 것을 안타깝게 여긴 믿음의 사람들이 미국에는 무수히 많다. 이들은 미국의 뿌리가 청교도적 신앙에 있음을 강조하며 신앙회복운동을 펼치고 있다.

2004년이었다. 플로리다에 있는 테미공원 디즈니월드 옆에 기독교 성지테마공원(Holy Land Experience)이 문을 열었다는 소식을 들었다. 기독교인으로서 꼭 가보고 싶다는 생각을 갖던 중에 인근에 출장갈 일이 생겨 겸사 이곳을 찾아가 보았다.

　안내 팸플릿을 통해 이곳이 설립된 배경을 알 수 있었다.

　1980년대 마크 로젠탈 목사가 기도 가운데 하나님으로부터 영감을 받아 시작된 이곳은 20여년간 어마어마한 돈과 돕는 사람들을 만나 만든 대규모 기독교 테마파크였다.

　입구에 들어서니 안내원들이 모두 기독교 자원봉사자들인 것을 알수 있었다. 나이는 있었지만 자애로운 표정과 편안한 미소에서 신앙인의 따뜻함이 풍겨져 나왔다. 미국의 많은 테마공원을 다녀 보았지만 그 어느 곳보다 친절했다.

　지금은 얼마인지 모르겠지만 2004년 당시 내가 낸 입장료는 성인이 17달러였다. 이렇게 싼 것은 대부분 기독교 독지가들의 후원과 헌금으로 운영되기 때문이라는 설명이 덧붙여졌다.

　성경을 읽을 때 상상하고 영화 또는 비디오 테이프를 통해 보았던 옛 이스라엘의 모습을 입구에서부터 재현되고 있었다. 안으로 들어가자 안내원들도 예수님 시대 당시의 복장을 하고 있었다.

　초대교회 당시 유통되었던 물건들을 전시하는 곳을 지나 구약시대의 제사장 복장을 한 안내원을 따라 첫 공연장에 들어갔을 때 안내원이 우리 모두는 주 안에서 한 형제라며 '샬롬'을 따라하게 했다. 다양한 민족의 많은 관광객들이 '샬롬'을 외치니 정말 한 형제가 된 것 같았다.

양각나팔을 불며 구약시대의 성막과 제사를 재현하는 공연이 30여분 진행됐다. 모세 오경의 말씀들이 마음 판에 새겨지며 여호와의 임재를 체험하는 듯한 감동과 희열을 맛보았다.

다음 장소로 옮겼는데 헤롯 성전의 웅장함과 호화로운 곳에서 성서 뮤지컬이 공연되었다. 또 그곳을 지나니 생활관(Theater of Life)이 나왔다. 들어서자마자 대형 스크린을 통해 30여분 동안 영화가 상영되었다.

창세기부터 예수님의 부활까지를 재현한 영화였다. 창조주이신 하나님과 부활하신 주님을 증거하는 기록영화였다. 성경 66권의 핵심들을 보여줘 보는 사람들마다 이해할 수 있는, 정말 완벽한 내용들이라 감탄하지 않을 수 없었다.

개인적으로 특별히 감동 깊었던 부분은 성소의 성막이 갈라지는 장면과 부활의 주님께로 다가가는 수많은 사람들의 표정에서 나도 그 순간 주님 앞으로 달려가는 듯 느껴졌다. 진정 예수를 믿는 자의 긍지를 확인하는 시간이었고 너무 감동해 눈물이 나오기도 했다.

예루살렘 성을 조각품으로 재현한 곳도 있었다. 이 모형물을 만들기 위해 10여년은 족히 걸린 것 같았다. 당시의 솔로몬 성전과 당시의 주민들의 생활상 등 정말 주님을 사랑하고 증거하고 싶은 설립자의 마음과 오랜 열정에 고개가 숙여졌다.

이곳을 지나 부활의 무덤을 그대로 재현한 곳에 들어가 보니 깨끗한 세마포가 있는데 방금 예수님께서 부활한 듯한 느낌을 받게되고, 무덤의 주인인 아리마대 사람 요셉의 믿음과 선행을 오늘 나도 이루며 살아야겠다고 다짐했다. 안내인이 설립자 마크 로젠탈 목사에 대해 소개를 해 주었다.

"로젠탈 목사님은 유대인입니다. 유대교 신자에서 개신교로 개종했습니다. 참으로 쉽지않은 결단이었습니다. 그리고 이곳을 운영하는데 시작부터 지금까지 유대인들의 많은 반대에 부딪쳐 어려움을 이겨내고 계십니다. 이곳 홀리랜드의 운영은 거의가 헌금으로 운영되고 있습니다. 그런데 여유가 더 생기면 입장료를 인하하거나 아예 무료로 입장시킬 계획도 있습니다. 그것은 이 홀리랜드를 통해 좀 더 많은 사람들의 생명을 구원하는 것이 목적이기 때문입니다."

나는 이곳을 둘러보는 내내 깊은 감동을 받았다. 오직 주님의 영광을 위해 큰 꿈을 꾸고, 복음을 위하여 큰 업적을 남긴 설립자 마크 로젠탈 목사에게 존경과 감사를 드리지 않을 수 없었다.
나 역시 앞으로 주님의 영광과 생명 구원을 위한 큰 꿈을 갖고 기도할 것을 다짐했다. 그리고 만나는 이들마다 꼭 홀리랜드에 들려 살아 역사하시는 주님의 섭리를 체험할 것을 권유하곤 했다.
미국은 자유주의 신앙이 들어오고 교회성도수가 점점 줄고 이제

학교에서 성경을 가르치지 않지만 그래도 그 깊은 밑바닥에는 기독교 신앙의 뿌리가 튼실하게 깔여 있다.

이 성서체험관을 만드는데 어마어마한 예산과 돈이 투입되었을 것인데 이 모든 것이 하나님을 사랑하고 믿으며 복음이 널리 퍼져가길 원하는 분들이 헌신해 만들어진 장소란 점에서 너무나 감격스러웠다.

이런 감격은 내가 여기 홀리랜드에서만 느낀 것이 아니다. 미국 뉴욕 맨해튼에는 라디오시티 뮤직홀이란 곳이 있다.

1932년 개장된 극장으로 객석이 6,200석이나 된다. 주로 개봉영화와 스테이지쇼 전당으로 연간 600만 명이 넘는 관객이 이곳을 견학하거나 공연을 보러 온다고 한다. 무대효과를 위하여 모든 기계장치를 구비하고 있으며 댄싱팀과 전속 발레단도 있다.

이곳은 매년 크리스마스를 전후해 성극을 공연한다. 어느 해인가 예수님의 탄생에 얽힌 성극을 보러 갔다. 그 의상과 무대장치가 얼마나 정교하고 완벽한지 내가 성경의 시대에 들어와 있는 것 같은 착각을 불러 일으켰다.

무대 위로 정말 낙타가 오가고 동방박사가 별을 따라 가는 장면, 예수님의 설교모습 등 너무나 리얼해 큰 감동을 받았다. 나는 이 성극을 준비한 극단에 반드시 헌금을 하겠다고 다짐을 했을 정도였다.

미국의 성도수는 줄고 있고, 기독교 국가로서의 이미지가 퇴색됐다곤 하지만 여전히 대통령이 취임할 때는 성경 위에 손을 얹어 선서를 하고 미국을 이끄는 백인들의 주류는 보수성향의 크리스천들이다.

미국은 누가 뭐라고 해도 메이플라워호를 타고 신대륙을 향해 향해한 순수한 청교도들의 신앙이 오늘의 미국을 만들었다. 또 이들의 기도와 헌신이 미국을 지탱해 온 힘이었다.

미국의 개신교 신앙, 세월이 흘러가면서 변질되고 달라지긴 했어도 그 남아 있는 저력을 보여준 곳이 바로 플로리다의 홀리랜드이자 맨해튼 라디오시티 뮤직홀의 거대한 성극이라고 말하고 싶다.

3부

나눔과 사랑, 헌신과 봉사로 얻는 기쁨

맛있을 수밖에 없는 뉴욕곰탕

미국의 심장 뉴욕, 맨해튼에 전문 곰탕집을 맨 처음 연 1호 사장으로써 곰탕 이야기를 좀 해야 할 것 같다. 내가 세상 지식은 부족하겠지만 곰탕 외길 인생을 달려왔기에 이 분야 만큼은 누구보다 자신이 있기 때문이다.

한국인으로 성인이라면 곰탕을 안 먹어 본 사람이 없을 것이다.

가마솥에서 푹 끓여낸 곰탕은 소의 뼈와 살이 시간과 함께 녹아내려 뽀얀 국물로 재창조된 맛이다. 곰탕은 설렁탕과 함께 한식 중 국물 요리를 대표하는 음식으로 꾸준히 사랑받아 왔다.

쇠뼈의 시원한 맛과 한우 고기의 부드럽고 담백한 맛을 동시에 지닌 곰탕은 단백질과 칼슘이 풍부해 기력을 돋우는 데 최고로 꼽히며 한국인이 가장 선호하는 음식 중의 하나이기도 하다.

곰탕은 여러 부위의 고기를 한데 모아서 끓일수록 맛이 있다. 각각의 부위마다 달라지는 미묘한 맛의 특징이 잘 어우러지기 때문이다. 쇠고기의 부위를 세분화하여 먹는 능력에서 우리가 세계 그 어느 나라 사람들보다 미각이 앞섰다는 것을 사람들은 잘 모르는 것 같다.

소 부위별 살을 아프리카 보디 족은 40부위, 영국인은 25부위 정도로 구분하는 반면 우리는 125부위로 세밀히 구분할 만큼 탁월한 미각을 옛날부터 가져 왔다.

걸랑, 고거리, 고들개, 곤자소니, 꾸리, 다대, 달기살, 대접살, 도래목정, 둥덩이, 떡심, 만하바탕, 만화, 먹미레, 발채, 새창, 서대, 서푼목정, 설깃, 설밑, 수구레, 홀떼기, 이보구니 등등 이름이 참으로 많고 다양하다. 이 단어들은 우리의 옛 조상들이 소의 여러 부위살에 따라 각각 붙인 이름이다.

이보구니는 소 잇몸살, 수구레는 쇠가죽 안에 붙어있는 아교질을 일컫는다. 이 이름들을 지금 처음 들어보는 분이 많을 것이다.

곰탕이란 고기를 '맹물에 넣고 끓인 국'이라는 의미의 공탕(空湯)에서 유래되었다는 설과 '고기를 푹 곤 국'이라는 의미의 곰국에서 유래되었다는 설이 있다.

뉴욕곰탕은 오랜 기간 장사를 하면서 저절로 터득된 우리 고유의 맛을 점점 더 업그레이드 시켰다. 그래서 미국내 한국인은 물론 한국에서 뉴욕을 방문한 분들도 '뉴욕에 가면 뉴욕곰탕 한 그릇은 꼭 먹어야 한다.'고 할 만큼 그 맛을 인정받았다.

뉴욕곰탕이 맛으로 교포들을 사로잡은 과정이 있다.

곰탕 맛있게 끓이는 기본 레시피는 내가 맨 처음 입사한 한식당 주방장으로부터 배웠다. 그는 1965년 뉴욕에서 열린 세계만국박람회에 한국대표요리사로 뽑혀온 분이니 그의 한식 요리 실력은 탁월했다.

맛있는 곰탕 만들기는 일단 주재료인 사골뼈를 잘 사는 것에서 출발한다. 미국 사람들은 사골을 먹지 않기에 소도축장에 가면 이 뼈를 골라서 싸게 사올 수 있었다.

우선 도축된지 오래되지 않은 신선한 뼈를 잘 골라야 한다. 뼈 중에서도 아주 굵고 튼실한 것을 고르되 잘린 뼈 단면이 피멍이 들지 않은, 깨끗한 것을 잘 추려 사야 했다.

이런 것은 전체 소 뼈 중에서 5% 정도만 나오는데 이것을 골라내는 것이 아주 중요하고 요리를 만드는 실력이기도 하다. 나중에는 뼈만 보면 상품인지 중품인지 아니면 하품인지를 금방 구별할 수 있었다.

다음은 이 소뼈를 1차로 끓여내 불순물과 핏물을 다 제거하게 된다. 그런데 두 번째부터 우려내 만드는 곰탕은 뼈와 물의 비율이 잘 맞아야 한다. 그런데 이 때 뼈를 삶는 시간도 아주 중요하고 삶아내는 화력도 아주 중요하다.

뉴욕곰탕은 아주 고열의 가스불에 끓이곤 했다. 여기에서 가정에서 끓이는 사골국과 맛의 차이가 현격히 나게 된다. 가정에서는 도저히 이 정도 화력을 낼 수 없기 때문이다.

그리고 국물이 뽀얗게 나오는 타이밍이 있고 자칫 시간이 지나면 국물이 탁해져 못 먹게 되기도 한다. 이렇게 두 번에서 세 번까지 국물을 우려낸 곰탕을 최상의 상태로 끓여 손님께 내어놓게 되는 것이다.

　나 역시 곰탕을 끓이면서 시행착오를 많이 겪었다. 물과 뼈의 배합을 잘못해 국물이 실패하기도 했고 급한 마음에 기존 뼈 국물에 뼈와 물을 더 넣고 끓이다 모두 버리기도 했다.

　이 곰탕이 한국인의 사랑을 받는 몇 가지 이유가 있다. 모든 탕 종류의 음식은 보통 처음에 잘 끓여 먹을 때가 가장 맛있다. 이를 식혔다가 다시 끓이면 보통 맛이 조금은 떨어지는 것이 일반적이다.

　그런데 곰탕은 그렇지 않다. 이 곰탕 국물은 식으면 묵처럼 흐물흐물 고체가 된다. 이를 다시 끓이면 녹아 국물로 변하는데 놀랍게도 맛이 전혀 변하지 않는다. 처음에 먹던 맛과 다르지 않은 것이다.

　마지막으로 곰탕을 사람들이 좋아하는 또 다른 이유는 자신이 직접 기호에 맞게 간을 맞출 수 있다는 점이다.

　사람들은 입맛이 다 다르다. 싱겁게 먹고, 짜게 먹고, 향을 싫어하기도 한다. 그런데 곰탕은 소금과 파를 자신에게 맞게 스스로 조절함으로 먹는 만족도가 다른 음식에 비해 높다.

　일반 음식점의 경우 맛집이라고 불리는 곳들이 손님들 입맛의 70%만 맞추면 대박집이 된다고 한다. 아무리 음식을 잘해도 가지각색인 손님 입맛을 다 맞추지 못한다는 것이다.

　그런데 곰탕은 자신이 직접 간을 함으로 90% 이상 만족을 주게 된다는 설명이다. 그리고 음식에는 정성이 들어가야 하다. 엄마가 하루 종일 수고한 남편을 위해, 공부하느라 기진맥진해진 자녀를 위해 맛있는 음식을 장만하는 심정으로 만들 때 그 음식은 신기하게도 더 맛있어진다.

'음식은 정성'이란 말이 그냥 나오는 것이 아니다. 32번가 코리아타운이 점점 형성되기 시작하면서 그 붐을 타고 뉴욕곰탕은 계속 문전성시를 이루었다.

뉴욕에 사는 교포라면 우리 가게를 모르는 분이 없었고 그래선지 누군가가 우리 식당을 '교포들의 등대'라고 했다. 긴 항해를 하다가 반짝 거리는 등대의 불빛을 보고 항구로 달려가는 배처럼, 그리운 고향의 맛을 보기 위해 뉴욕곰탕을 향해 달려간다는 뜻이었다.

설날 무료떡국과 전도책자 '고향길'과 '본향길'

어디든 개척자는 힘들다. 청운의 꿈을 안고 뉴욕에 첫 발을 딛은 이민자들은 문화적 차이, 언어의 불편함을 극복하며 새로운 도시 정착에 안간힘을 썼다.

한국에서 무엇을 했든 미국에서는 아무런 소용이 없다. 가문이 어땠고 얼마나 잘 살았고 학력이 짱짱했다고 자랑을 해도 아무도 알아주지 않는 곳이 미국이다. 그저 이방인인 한국인이 미국에서 생존하려면 하루하루 치열하게 살지 않으면 안 되었다. 부부가 맞벌이로 열심히 뛰어야 그나마 자녀를 제대로 교육시키고 집세를 내며 자동차를 운행할 수 있었다.

한국은 대중교통 수단이 잘 발달되어 있어서 자동차가 없어도 크게 불편하지 않지만 미국은 차가 없으면 일을 보지 못할 정도로 필수품이다. 그리고 집세가 비싸 4인 가족이 투 베드에서 자녀들을 교육

시키며 살아가려면 부부가 당연히 함께 벌어야 했다.

1982년, 뉴욕곰탕가게를 32번가로 옮기고 장사가 아주 잘 되었던 해 연말이었다. 확실히 이동인구가 많고 가게가 크니 수입이 좋아 연말까지 번 돈만 해도 꽤 액수가 컸다.

올 한 해, 주 안에서 성장하고 발전하는 해가 되었음을 하나님께 감사하면서 감사의 조건들을 하나 둘 꼽아 보았다.

그 중에서도 늘 우리 가게를 찾아 준 고객들이 제 1순위로 감사했다. 그 분들이 있기에 곰탕집이 존재하는 것이 아닌가. 그러면서 갑자기 내년 1983년 새해를 맞는 첫날, 손님들에게 떡국을 대접하고 싶은 생각이 스치고 지나갔다.

떡국은 우리 한국의 전통음식이다. 특히 새해 첫날에 먹는다. 대부분 큰 집에 모여 세배를 하고 설음식인 떡국을 먹는 것이다. 친구집에 가도 친척집에 가도 거의 내오는 것이 떡국이다.

그러나 미국에서는 새해 첫날이라고 떡국을 해먹기 쉽지 않다. 가래떡을 뽑아 말린 것을 썰어 두었다가 끓여 먹는 정성이 필요한데 이것이 미국에선 불가능했다. 지금이야 미국에도 가래떡을 파는 곳도 많고 방앗간도 있지만 그 무렵엔 찾아보기 힘들었던 것이다.

먼 이국땅 미국에서 새해를 맞는 한인들에겐 이 날이 그저 쓸쓸한 휴일일 뿐이었다. 그래서 이날 한인들에게 고향을 생각게 하는 떡국을 무료로 대접하고 싶다는 생각을 한 것이다.

난 새해를 맞는 며칠 전부터 가게를 찾는 손님들께 새해 첫날 떡국

매년 1월 1일이면 뉴욕곰탕에서는 고객들에게 떡국을 무료로 대접했다. 옆은 손님들에게 배포한 초기 소책자 '고향길'(전도책자)과 2024년 발간한 '본향길'.

을 무료로 대접하니 꼭 오시라고 알렸고 가게 안에 안내문도 써 붙였다. 새해 떡국 끓이는 법은 지방과 가정마다 다른 것이 재미있다. 보통 쇠고기 육수 국물에 떡을 넣어 떡이 익어 떠오르면 퍼서 그릇에 담고 미리 준비한 길쭉하게 찢어 놓은 쇠고기 산적과 계란 지단을 얹어 내는 것이 일반적이다.

개성 사람들은 흰떡을 가늘게 빚어 3센티미터 가량으로 끊고 가운데를 잘록하게 만들어 끓인 '조랭이 떡국'을 먹기도 한다. 충청도에서는 '생떡국'이라 하여 익반죽한 쌀가루를 도토리 크기로 둥글게 빚어서 떡국을 만들었다. 북한 지역에서는 새해 세찬으로 만둣국을 먹었고 중부지방에서도 떡과 만두를 함께 넣은 떡국을 끓이기도 했다.

정월 초하루에 떡국을 먹는 이유가 문헌에 정확하게 나와 있지 않지만 장수와 건강을 기원하며 새해 첫 음식으로 삼은 것으로 보인다.

나는 새해 무료 떡국잔치에 쓸 재료를 넉넉히 준비해 놓았는데 막상 사람들이 오지 않으면 어쩔까 걱정도 되었다. 떡국 한 그릇 먹겠다고 일부러 올까 싶었던 것이다. 그래서 아예 교포신문에 '새해를 맞아 무료로 떡국을 제공하니 드시러 오시라'고 돈들여 광고까지 냈다.

새해 아침, 정말 한인들이 가족단위로 또는 혼자서 뉴욕곰탕하우스를 찾아오기 시작했다. 내 걱정은 기우였다. 밝은 표정으로 들어선 분들에게 인사를 건네며 정성스럽게 끓인 떡국을 차례로 내놓았다. 모두들 얼마나 맛있게 잘 드시는지 내 마음이 아주 흐뭇했다.

김치를 반찬으로 국물까지 싹싹 비워내며 맛있게 드셨다. 곰탕국물로 떡국을 만들어 대접했으니 더욱 맛이 있었을 것이다.

손님들이 모두 고마움을 표시했다. 미국에 와서도 한국에서 연초마다 먹던 떡국을 먹을 수 있어 정말 고맙다고 했다. 점심 시간 무렵에는 줄까지 서서 자리를 기다려야 했다.

일부 노인분은 떡국을 드시고 고향 생각도 나고 흥이 나시는지 덩실덩실 춤도 추셨다. 수백 km를 달려 찾아온 한국인 가족도 있었다.

나는 이 무료떡국잔치를 1983년부터 식당영업을 종료한 2013년까지 30년간 한 해도 빠짐없이 열었다. 그리고 이 무료떡국잔치는 우리 가게를 시작으로 함께 동참하는 근처 한국식당들이 하나 둘 늘어나기 시작했다. 그래서 이제 새해 첫날은 한인들이 모두 한국식당에 모여 떡국을 나눠먹으며 덕담을 하는 날로 자리를 잡았고 그 전통이 내가 장사를 그만둔지 10여년이 지났지만 지금도 계속 이어지고 있는 것으로 안다. 이 떡국잔치는 무엇보다 미국에서 새해 첫날을 외롭게 보내는 유학생 등 한인들에게 좋은 설 선물이 되었다.

사실 이 떡국 나누기는 한 사람 한 사람에게는 그저 부담없이 먹는 떡국 한 그릇이지만 식당 입장에선 전 종업원이 매달리니 재료비에 인건비 하며 제법 부담이 되는 부분이다. 며칠간 일한 수익이 그대로 나가지만 이런 저런 것을 따지면 나누고 베푸는 일은 하지 못하게 된다.

나는 새해 떡국무료잔치가 자리를 잡은 1984년 부터 떡국을 드시러 온 손님들에게 기독교 신앙교리를 알기쉽게 적은 '고향길'이란 책자와 새해달력, 볼펜 등도 함께 선물했다.

내가 교회생활을 해 보니 교인 상당수가 미국에 이민와서 한국인이 그립고 한국음식을 나누는 교제가 필요해 교회를 다니는 사람들이 많았다. 신앙보다 교회를 교제하고 한식을 나누는 장소로만 여기는 경우가 많았던 것이다.

그래서 이들에게 복음을 알기 쉽게 소개해주는 것이 필요하다고 여겨 당시 성경공부 강사님 등과 의논해 휴대가 간편한 포켓형 기독교 교리책을 만든 것이다.

'고향길'에는 20가지 기독교 주제를 다루어 책내용을 편집했다. 하나님과 예수 그리스도가 누구신가로 출발해 성령, 사랑, 구원, 믿음, 성경, 교회, 예배, 찬송, 기도, 교회절기, 기독교인의 상식 등을 알기 쉽게 설명해 기록한 것이다. 그리고 책의 맨 앞부분에 이렇게 적었다.

"안녕하세요. 뉴욕곰탕집 김유봉입니다. 지난해에도 저희 가게를 꾸준히 찾아주신 분들께 깊은 감사를 드립니다. 이 책자는 제가 주님께 늘 감사하는 마음으로 만들어 여러분께 선물하는 것입니다. 이 책으로 한 사람이라도 주님을 영접할 수 있다면 제겐 큰 기쁨이 될 것입니다. 이 책을 읽으시고 맨 뒤에 나와 있는 뉴욕 한인교회 리스트 중에서 집과 가까운 한 교회에 찾아가시길 권해 드립니다. 감사합니다."

이렇게 1983년에 떡국잔치를 시작하고 이듬해 부터는 떡국을 드시러 온 분들에게 제작한 전도용 소책자 '고향길'을 선물로 드리기 시작했다. 그런데 '고향길' 소책자 내용이 아주 유익했는지 떡국잔치를 열며 발간된 '고향길'이 무려 3만권 이상이 되었다.

이후 사업일선에서 내가 은퇴하고 미국과 한국을 오가는 가운데 이 포켓판 '고향길'이 여분으로 남은 것이 있어 10여권을 교회에 놓아두었다. 그런데 성도들이 필요했는지 금방 사라지고 또 달라는 요청이 있었다. 신앙인 중에서도 기독교 기본상식을 잘 모르고 또 배우길 원하는 분들이 많다는 것을 알게 되었다.

초신자용이지만 신앙인에게도 유익한 이 소책자는 믿음생활의 지침서가 될 수 있다고 판단이 되었다. 그래서 시간이 많이 지나 오래된 내용을 현대에 맞게 재편집 하고 미국 뉴욕교회 주소록은 빼 한국과 미국의 모든 성도들이 신앙생활에 도움을 줄 수 책는 책으로 2024년 다시 출간했다. 이번에도 필요로 하는 이들에게 전도용이나 신앙생활에 도움을 준다는 생각에 책가격을 안 붙이는 무가지(無價紙)로 제작했다. 물론 출간비용을 내가 개인적으로 부담했다.

대신 새로 만든 책자는 제목을 기존 '고향길'에서 '본향길'로 바꾸었다. 내가 이 책자를 새로 내겠다고 하자 한 목사님께서 "우리 모두 결국 영원한 하늘나라 본향집으로 가는 여행자이니 책 제목을 '본향길'로 바꾸는 것이 어떠냐"고 제안을 해 주셨기 때문이다.

문서선교의 일환으로 새롭게 발간된 이 '본향길'이 많은 성도들의 신앙과 삶에 유익이 되길 바라며 모든 영광을 하나님께 올려 드린다.

그리고 이 전도책자는 내가 힘이 닿는데까지 계속 배포해 나갈 계획이다.

곰탕으로 캔을 만들다

앞에서도 소개했지만 1979년 맨해튼 27번가에 곰탕집을 오픈하고 장사를 할 때 가게가 너무 좁아 주방을 빼고 나면 식사할 수 있는 탁자가 3개 뿐이었다. 한번은 단체손님 12명이 들어왔는데 다 앉을 자리가 없어 서로 난감해 하다가 이리 저리 보조의자를 가져다 손님들을 간신히 끼어 앉게 했다.

그런데 곰탕을 끓여 식탁에 내 놓아야 하는데 이번엔 뚝배기 곰탕 그릇이 모자랐다. 방법이 없어 전전긍긍했다. 그렇다고 어디서 구할 수도 없고 할 수 없이 양해를 구한 뒤 두 분은 플라스틱 포장기에 곰탕을 담아 내 놓았다. 너무나도 창피하고 또 손님에게 죄송해 비지땀을 흘렸던 기억이 난다.

그런데 이런 경우는 한 번이었고 점심 시간 이외는 별로 손님이 없어 혼자 식당을 지키며 이 생각 저 생각 하곤 했다. 이 때 여러 가지

의욕적으로 시작해 인기를 끌었으나 IMF로 접은 곰탕캔사업. 수십만개의 재고는 르완다 등 기아지역에 나누어졌다. 당시 홍보사진으로 왼쪽이 김유봉 장로

사업 아이템도 구상했는데 이 때 떠 올랐던 아이템 하나가 바로 곰탕을 캔에 넣어 파는 것이었다.

한국에서 주한미군들이 전투식량으로 사용하는 시레이션을 먹어본 적이 있었다. 종이박스 안에 서너개씩 들어있는 카키색 캔을 개봉하면 스프며 생선이며 먹어보지 못한 음식들이 나왔다. 이를 데워 먹으면 금방 요리를 한 것과 다름이 없었던 것을 기억해낸 것이다.

곰탕은 사골을 오랜 시간 끓여서인지 다시 데워도 맛이 변하지 않는 특성이 있다. 한 캔을 쏟아 부어 1인분이 되도록 하면 가장 바람직할 것 같았다.

그러나 이것은 이 때 내가 구상한 사업계획의 하나일 뿐 이것이 실현되리라고는 나 역시 예상하지 못했다. 이 사업이 구체화된 것은 이로부터 햇수로 10년이 지난 1988년 어느날이었다.

곰탕 가게에서 미주에서 발행되는 한국신문을 보는 중에 눈에 번쩍 뜨이는 기고문이 있었다. 글 기고자는 연세대학교 식품영양학과 김정한 교수였는데 글 주제가 '곰탕'이었다.

정확하게 기억이 나진 않지만 곰탕이 선조들의 지혜로 탄생한 오래된 음식으로 몸보양에 좋고 맛도 좋다는 내용이었다. 그런데 김 교수가 글을 맺으며 맨 뒤에 성경 한 구절을 인용했다.

그것은 "사람이 떡으로만 사는 것이 아니요 여호와의 입에서 나오는 모든 말씀으로 사는 줄을 네가 알게 하심이라"는 신명기 8장 3절 구절이었다. 신문기고에 성경구절을 쓸 정도면 기독교인인 것이 분명했다.

이 때 갑자기 내가 10년 전 구상했던 곰탕을 캔에 넣어 만들어 파는 아이디어가 생각나며 이 분과 이 사업을 의논해 보면 되겠다는 생각이 스치고 지나갔다.

식품이 제품으로 만들어져 시중에 판매되려면 연구과정을 거쳐야 하는데 따라서 관련 교수들의 도움이 반드시 필요했다. 그런데 식품영양학 교수이고 기독교인이란 사실에 도움을 받아야겠다고 판단한 것이다.

나는 뭐든지 일단 결정을 하면 빠르게 일을 추진하는 편이다. 이리

저리 재고 시간을 끄는 것은 적성에 맞지 않는다. 나는 바로 여행사로 전화해 한국행 비행기편을 예약한 뒤 김정한 교수를 만나러 연세대학교를 무작정 찾아갔다.

멀리 뉴욕에서 찾아와 사업계획을 설명하며 도움을 요청하는 내게 김 교수는 식품가공학을 전공한 건국대 신현길 교수를 소개해 주었다. 그런데 신 교수는 다시 일본에서 공부했고 경북대학교 식품가공학과 교수인 곽성희 박사를 소개해 만나게 되었다.

여기서 내가 알게 된 사실은 식품영양학은 식품의 구성, 구조, 성질과 위생적인 식생활 관리, 영양 문제 등 식품과 영양에 대한 전반을 연구하는 학문이었다.

반면 식품가공학은 식품에 물리적·화학적 변화를 주어 저장성과 영양가를 높이고, 기호성을 향상시켜서 생활에 필요한 새로운 제품을 생산할 수 있도록 연구하는 학문이었다. 내가 사업을 하려면 식품영양학이 아니라 식품가공학 전문가를 만나는 것이 필요했다.

처음엔 번지수를 잘못 찾긴 했지만 곽성희 박사를 소개를 받았으니 목적을 이룬 셈이었다. 곽 박사는 내 의견에 좋은 아이디어라고 이야기하며 뉴욕곰탕을 캔으로 개발하는 일에 동참하겠다는 의사를 표해주어 너무나 기뻤다.

나는 뉴욕 브루클린 지역에 연구실을 차리고 곽 박사와 몇 년간 제품개발에 몰두했다. 곰탕을 어느 상황까지 끓이고 가공해 캔에 넣어 포장해야 가장 맛있는지 수백번의 연구를 계속 이어갔다. 당시 한국에서 서울대 교수인 홍문화 박사(2007년 작고)가 건강전문가로 활발한 강연활동을 하고 계셨다. 홍 박사도 만나 곰탕캔 제조에 따른 조언과 격려를 받았다.

드디어 가장 적절한 맛을 내는 곰탕과 고기를 캔에 넣을 수 있는 제품개발에 최종적으로 성공할 수 있었다. 나는 회사 이름을 제이씨 월드 후드(JC World Food)라고 짓고 주정부에 회사 등록도 마쳤다. JC는 Jesus Christ의 약자로 '주님이 만드는 세계적인 음식'이라는 뜻이다.

그리고 뉴욕곰탕 맛을 그대로 간직한 캔 제품이 나올 수 있도록 공장을 설비하기 시작했다. 처음엔 200만불을 투자했고 다시 100만불이 추가되어 모두 300만불 정도가 캔공장을 짓고 연구하는데 사용됐다. 큰 돈이라 반 이상을 은행에서 대출을 받았다.

미국은 모든 가공식품이 판매로 이어지려면 농무부(USDA)의 제조허가를 받아야 한다. 그런데 이 허가받기가 보통 까다롭지가 않았다. 미국은 위생을 엄청나게 따지기에 공장시설이 요구하는 규격이나 위생에 조금이라도 저촉되면 아예 허가를 내주지 않았다.

그래서 캔 생산에 사용되는 모든 기구나 재료는 미국식품위생국(FDA)에서 지정해 주는 것만 사용했고 방부제나 인공조미료는 일체 사용하지 않았다.

연구를 끝내고 곰탕캔 공장을 지어 조업허가를 신청했는데 그 까다롭기 소문난 USDA 검사에 우리 브루클린 공장이 단숨에 통과가 되었다. 나도 놀라고 주위에서도 모두 놀랐다. 지금까지 이렇게 빨리 되는 경우가 없었다고 한다.

한국인으로서는 최초로 받은 곰탕캔 조업허가번호 'EST18006'는 지금도 내가 잊어버리지 않고 외우고 있다.

1992년 1월 27일, 드디어 두 종류의 곰탕캔이 공장에서 생산되었다. '사골진국물'과 '꼬리곰탕'이란 상표를 단 캔이 자동화된 기계에서 만들어져 나오는 것을 보니 너무나 감격스러웠다.

곰탕캔은 소의 뼈와 고기를 고온과 고압의 열처리 과정을 거쳐 기름을 제거한 뒤 먹기 쉽게 만든 것이다. 여기에 전통적인 조리방법을 가미해 풍미를 높였다.

그리고 영양분이나 맛이 손상되지 않게 연구된 만큼 시식을 해본 사람들의 반응이 아주 좋았다. 일부에서는 내가 직접 끓여 파는 뉴욕 가게의 곰탕 보다 더 맛있다는 이들도 있었다.

사실 이 때가 교회건축헌금을 크게 작정하고 이를 마련하느라 힘이 들었을 때였는데도 하나님께서 이 사업이 잘 진행이 되도록 이끌어 주신 것을 감사했다. 지금 생각하면 내가 최선을 다해 교회부지 건축헌금을 하는 것에 대한 하나님이 주시는 보너스였다는 생각도 든다.

나는 회사 직원들에게 이 JC World Food가 하나님의 은혜로 하나님이 세우신 기업임을 분명히 했다. 그리고 우리 회사의 창업정신 3가지를 늘 강조했다.

그것은 첫째 하나님의 기업이라는 정체성을 잃지 않고 각 자 맡겨진 일에 성실하고 최선을 다한다는 것. 둘째 이웃에 유익과 기쁨이 되는 기업이 되자는 것. 마지막 셋째는 기업의 이윤은 하나님의 선교에 사용한다는 것이었다.

미국의 교포신문들도 뉴욕곰탕 김유봉 대표의 곰탕캔 사업을 대대적으로 다루며 큰 관심을 보였다. 그것은 한국인으로서 공장까지 차려 정식인가를 받고 식품제조업을 시작한 경우가 처음이었기 때문이다.

나는 이래 저래 뉴욕 교포사회에서 유명인사로 자리를 잡아가고 있었다.

시카고 한인세계선교대회의 곰탕 잔치

1988년 7월25일부터 29일까지 미국 시카고에 있는 윗튼대학교 빌리그레이엄 센터에서는 한국교회 선교100주년 역사상 가장 의미있는 행사가 열렸다.

북미주 한인 역사상 최초로 북미주한인들을 향한 대규모 선교동원 운동으로 '제1차 한인세계선교대회'가 열린 것이다. 이 행사에는 해외에서 사역하는 한인선교사 및 관계자 2000여명이 참여해 다양한 선교토론과 선교방향을 모색했다.

빌리 그레이엄 목사로부터 적극적인 후원을 받은 이 행사는 행사가 끝난 후 자연스럽게 기독교 한인세계선교협의회(Korean World Mission Council for Christ·KWMC)가 창립됐다. 그리고 이 한인세계선교대회를 매 4년마다 개최하기로 했다.

그래서 이 4년 후인 1992년 제2차 한인세계선교대회가 역시 같은 시카고에서 선교사 238명을 비롯한 2,400명이 참석한 가운데 열렸다. 대회주제는 '와서 도우라, 세계는 우리를 부른다'였다.

2회 대회 강사는 곽선희 목사를 비롯 길자연 김상모 김의환 조동진 장영춘 곽전태 신성종 정진경 목사가 초청돼 한 강좌씩 맡았고 많은 선교사들이 생생한 선교보고를 했다.

나는 이 때 한창 뉴욕곰탕 식당운영과 곰탕캔 사업으로 정신없이 바쁠 때였다. 곰탕캔을 생산한지 1년 정도가 지나고 있었는데 한인세계선교대회 사무총장이 뉴욕지구촌교회를 담임하는 고석희 목사였다.

고 목사는 뉴욕곰탕 가게에 자주 오는 목회자로 나와는 인연이 있었다. 어느 날 고 목사가 세 분과 뉴욕곰탕에 식사를 하러 왔다. 지금 막 뉴욕 42번가 종합버스터미널에서 노방전도를 마치고 오는 길이라고 설명해 주었다.

그 많은 맨해튼 관광객 인파를 뚫고 노상에서 복음을 전한 네 사람이 너무나 귀해 보였다. 그래서 드신 곰탕값도 안 받고 노방전도에 사용하시라며 선교비 300불을 고 목사에 헌금했다. 그랬더니 너무나 고마워하며 "해방 후 처음 받아보는 귀한 헌금"이라며 농담을 했다. 그런데 2차 한인세계선교대회를 앞두고 고 목사가 내게 연락을 해왔다.

"김 장로님. 잘 지내시죠. 곰탕캔 사업이야기 잘 듣고 있습니다. 시카고에서 한인세계선교대회 열리는 소식 들으셨죠, 제 생각인데 이번

대회에 참석한 선교사들에게 곰탕을 대접하면 어떨까요. 곰탕캔도 알리고 귀한 섬김도 해주시구요."

당시 참가 예상인원이 3000여명이라고 했다. 이 인원이 곰탕으로 동시에 식사를 한다는 것은 거의 불가능했다. 곰탕을 끓이고 맛을 내는데 많은 시간이 소요되는데 한꺼번에 이 많은 양을 조리할 수 없기 때문이다.

그런데 곰탕캔이 나왔으니 이것을 가져와 한꺼번에 쏟아 데우고 밥과 함께 제공하면 되지 않느냐는 생각이 들었다. 선교사들을 접대하기 위해 대형솥을 준비하고 많은 인원을 동원하는 것에 예산이 많이 들지만 나는 고 목사의 제의에 쾌히 승낙을 하고 캔곰탕을 제공하기로 했다.

미국에서 제대로 된 한식을 못 먹었던 참가자들에게 곰탕 식사는 엄청난 인기를 끌며 배식됐다. 나는 아예 참가자들에게 우리가 생산한 곰탕캔도 하나씩 선물로 드렸다. 숙소에서도 쉽게 데워 드리시라고 했더니 여간들 좋아하지 않으셨다.

한 선교사는 시카고 빌리그레이엄센터 광장에서 한국의 곰탕을 먹었다는 사실이 참 신기하고 감격스럽다며 뉴욕곰탕이 세계적인 기업이 되어 하나님의 일을 더 많이 하길 바란다며 축복해 주었다.

나는 이 2차 한인세계선교대회 본 행사에도 열심히 참석하며 한국복음화와 세계선교를 위해 뜨겁게 기도했다. 그리고 세계 곳곳에서 사역하는 선교사들의 은혜로운 사역 보고를 들으며 지금도 살아 역사하시는 하나님을 찬양했다. 나 역시 하나님께서 허락하신 사명을 찾아 최선을 다할 것을 다짐했다.

제2차 한인세계선교대회 대회장은 미주한인교회의 대표격인 동양선교교회 임동선 목사였다. 지금은 소천하셨지만 임동선 목사가 행사 팜프릿에 기록한 환영사가 어찌나 내 마음을 뜨겁게 했던지 그 내용을 지금도 잘 기억하고 있고 팜프릿도 잘 보관하고 있다.

"오늘날 세계는 어제와 오늘이 달라서 내일을 전혀 예측할 수 없을 정도로 급변하고 있습니다. 사회주의의 붕괴, 세계경제권의 재편성, 첨단산업의 발달, 자연환경의 오염, 퇴폐문화의 만연, 정신문화의 미급, 영계의 세속화, 범죄의 범람 등으로 인류는 불안과 공포 속에서 살아가고 있습니다.

이러한 때에 인류가 진정으로 필요한 것이 있다면 복음입니다. 복음만이 인간개조를 통한 재창조할 수 있는 유일한 길입니다. 우리나라에는 5000년의 장구한 역사 속에서 세계에 공헌한 것이 많지 않습니다. 이 시점에서 우리 민족이 세계에 공헌할 것이 있다면 시대적 요청인 세계선교의 주역을 잘 감당하는 것입니다."

이 한인세계선교대회는 4년마다 열려 벌써 제9차 대회가 지난 2022년, 버지니아 센터빌 워싱턴중앙장로교회에서 열린 것으로 안다.

세계선교사들이 모여 선교방향을 모색하고 선교전략을 공유하는 이 대회를 통해 선교한국의 이미지는 물론 세계 선교사 파송 2위국에서 1위국이 되길 간절히 기도해 본다.

그래서 2026년에 열릴 10차 한인세계선교대회에는 꼭 다시 참석해 보고 싶다.

곰탕 캔에 담긴 하나님의 뜻

 3년 여의 준비과정과 300여만불의 투자로 만들어진 곰탕캔이 브루클린 공장에서 본격적으로 생산되어 소비자들에게 팔려나갔다. 처음에 만든 두 종류의 캔, 꼬리곰탕과 사골국물이 인기를 끌면서 신제품개발을 계속 거듭했다. 그 결과 모두 8종의 곰탕캔 제품을 생산할 수 있었다.
 앞에서 소개한 두 종류 외에 고기양곰탕과 우족탕, 도가니탕, 양곰탕, 설렁탕, 고기곰탕 등이었다. 한국으로 수출해 판매되는 곰탕 종류는 모두 캔으로 만드는 자동시스템을 갖추었다.
 곰탕 한 캔에 29온즈(822g)을 담았다. 이 양은 미국 성인에겐 충분한 1인분이고 한국인에겐 1.5인분, 여성은 2명까지 먹을 수 있는 넉넉한 분량이었다. 먼저 생산한 꼬리곰탕캔은 5.5불, 사골국물을 2.25달러로 가격을 정해 팔았다.

곰탕캔은 미국에서 파는 일반 통조림에 비해 좀 비싼 편이었다. 그러나 공장설비와 비싼 직원들 인건비, 재료값 등등을 생각하면 결코 과하지 않았다.

나는 좋은 고기를 고르고 사는데 신경을 많이 썼다. 이것은 오랜 식당운영을 통해 소고기를 잘 고르고 잘 사는 방법을 알기에 가능했다. 맛있는 음식은 좋은 재료에서 출발한다는 것이 내 신념이다.

브루클린에 있는 공장은 20여명의 직원이 하루 평균 2000캔을 생산할 수 있을 정도로 설비를 갖추었다. 만약 기계를 풀가동하고 아침부터 최대한 열심히 만든다면 5000캔 까지도 만들 수 있는 시스템이었다.

공장이 운영되면서 모든 것이 순조로운 것만이 아니었다. 브루클린은 흑인이 많은 우범지역이라 공장에 몇 차례 도둑이 들어 비품을 몽땅 가져가기도 했다. 또 왜 그랬는지 공장설비를 파손하고 도망가는 사건도 몇 번 있었다. 여기에 직원들이 말썽을 부리고 재료준비가 차질을 빚어 공장이 스톱되는 경우도 있었다.

그러나 나에겐 어떤 상황에서도 강력하게 사용할 수 있는 무기가 있었다. 그것은 아내와 나의 기도였다. 기도로 무장하고 성령이 충만해 일을 하면 그 무엇도 두렵지 않았다. 기도하면 지혜가 나오고 판단과 결정이 빨랐다.

곰탕캔의 미국 식품시장 진입은 문턱이 높았다. 곰탕은 한국인에게 친숙한 음식이고 미국인들에겐 아주 생소한 음식이었다. 미국에서는 뼈를 고아서 먹지 않기에 곰탕캔을 설명하면 고개를 갸우뚱했다. 고

기국물 즉 스프정도로만 인식했다.

그러니 우리 공장에서 만드는 곰탕캔을 한인들만 대상으로 하고 미국시장에서 소화하지 못한다면 이 사업은 결국 한계가 있었다. 인구가 적은 한인 교포들에게 파는 것은 적은 양이라 시장을 넓혀야 했다. 먼저 한국에 수출한 뒤 판매해 보기로 했다.

한국에서 관심을 보이는 분과 계약을 맺고 그분이 한국 대도시별로 대리점을 두고 시판하는 형태로 판매망을 구축했다. 한국만이 아니라 중국과 러시아, 일본 등에도 곰탕캔이 판매될 수 있는지 가능성을 하나 둘 타진했다.

드디어 곰탕캔은 미국과 동시에 한국에서도 판매되고 홍보도 하며 서서히 시장을 넓혀가기 시작했다. 메스컴에서도 뉴욕곰탕캔이 소개되며 관심을 받고 판매도 늘어나는 추세였다. 한국에서는 곰탕캔이 맛도 가격도 좋다는 평가를 받아 시장성이 충분했다.

그런데 사업에 한창 물이 오르려던 1996년 갑자기 한국에서 IMF 외환위기가 터졌다. 외환위기는 말 그대로 국가에 달러가 없어서 발생한 유동성 위기다. 외환보유고에 있어야 할 충분한 달러가 없어 국제통화기금(IMF)으로부터 구제금융을 받아야 하는 슬픈 현실이었다. 국가부도사태인 것이다.

이 여파로 달러 환율이 무시무시하게 치솟았다. 1000원대를 넘어서더니 곱절인 2000원 가까이 까지 치솟았다. 은행의 금리도 30%대까지 오르고 은행은 돈이 부족해 허덕이는 기업에 부채까지 거두어

들이니 모든 사업가들이 연쇄부도를 맞는 악몽을 겪어야 했다.

오죽하면 당시 IMF 총재가 미셸 캉드쉬라는 사람이었는데 이 사람을 한국에서 '백발의 저승사자'라고 불렀을까 싶다.

외환위기는 이제 사업을 막 시작해 본격화 하려는 곰탕캔 사업에 치명타였다. 한국시장에 달러로 보내고 달러로 결재받는 내 입장에서는 한국의 캔 판매가격이 2배 이상 오르는 것과 같았다. 곰탕캔 가격이 개당 5000원이었다면 갑자기 1만원을 받아야 하는 상황이 생겨버린 것이다.

이 가격을 받지 않으면 결국 나는 팔면 팔수록 손해가 되는 아이러니한 상황을 맞게 된 것이다. 정말 힘들게 사업을 꾸려 여기까지 왔는데 맥이 빠졌고 식욕을 잃었다.

투자한 돈에 지급할 것은 많고 공장에서 계속 생산되는 곰탕캔은 재고로 쌓이는데 도무지 탈출구가 없었다. 시간이 갈수록 손해가 나는 지금 과감한 결단이 필요했다. 기도하지 않을 수 없었다. 수시로 금식하며 기도했고 아예 공장안 바닥에서 자면서 하나님의 인도를 간구했다.

"하나님. 사업이 위기입니다. 제가 욕심을 부린 것인가요. 사업에 성공하면 수익은 주님을 위해 쓰겠다고 생각하며 일을 시작했습니다. 이제 곰탕캔 사업을 어떻게 해야 할까요. 지혜를 주시고 진로를 밝혀 주세요."

특히 아내가 깊이 기도하며 하나님의 음성을 구했다. 그리고 우리 부부가 깨달은 것은 '우리의 그릇은 바로 여기까지'라는 사실이었다. 우리는 사실 그동안 크리스천들이 사업을 하며 겪는 다양한 경우를 주변에서 보아왔다. 성공하면 하나님을 위해 물질을 쓰겠다고 사업을 시작해 성공을 해도 그 성공의 끝은 늘 보이지 않았다.

성공의 기준은 아무리 커지고 돈을 많이 벌어도 만족이 없기 때문이다. 더 큰 것을 추구하는 인간의 욕망 때문이다. 그래서 더 더 요구하게 되고 결국은 무너지는 상황을 맞곤 한다. 후회를 해도 이미 때는 늦은 상황이 되곤 했다.

나도 여기에 충분히 해당이 될 수 있었다. 그리고 여기서 사업을 접으면 물론 큰 손해와 충격파가 있지만 내가 감당할 정도는 된다는 판단이 들었다. 여기서 더 버티고 기다리다 감당 못할 수준이 되면 나중엔 파산을 할 수도 있었다.

20여명이나 되던 곰탕캔 공장 직원이 점점 줄어 5명만 남게 되었다. 여기에 도둑까지 자주 들어 돈이 될만한 것들을 모두 훔쳐가 정말 정신적으로 경제적으로 힘이 들었다.

한 번은 곰탕을 끓이는 그 무거운 무쇠 뚜껑까지 도둑이 가져가버려 맥이 탁 풀렸었다. 아마 나와 아내가 기도하는 사람이 아니었으면 견디기 힘들 만큼의 고통이었다.

한국의 IMF로 인해 더 이상 사업은 불가능 하다는 판단을 하고 결국 과감히 사업을 접기로 했다. 그리고 그동안도 곰탕캔을 교포사회와 한국복지기관 등에 기증을 많이 했지만 창고에 남아 있는 엄청난 곰탕캔 재고를 모두 소진시켜야 하는 일도 만만찮은 큰 일이었다.

당시 국제사회는 아프리카 르완다 대학살로 떠들썩했다. 부족간의 오랜 갈등으로 인구의 20퍼센트인 80만 여명이 학살된 이 사건은 대규모 르완다 난민을 발생시켰고 이들을 돕기 위한 국제구호단체들의 활동이 활발했다.

나는 기아로 신음 중인 이 난민들에게 곰탕 두 콘테이너를 UN난민기구를 통해 보내기로 했다. 한 콘테이너에 곰탕캔 4만개 이상을 실었으니 8만개가 넘는 엄청난 양이었다. 돈으로 따져도 40만불 어치가 넘었다.

이 캔이 고통받는 르완다 난민들에게 영양식으로 공급되고 기아를 견딜 수 있길 간절히 기도하며 배에 실었다.

또 북한돕기를 하시던 홍정길 목사님을 통해 조선기독교연맹과 연결되어 북한에도 한 콘테이너를 보냈다. 또 한국의 오웅진 신부가 운영하는 장애인돌봄 복지기관인 꽃동네에도 한 콘테이너를 보냈다.

이밖에도 도움을 요청하는 곳에 열심히 만든 곰탕캔을 아낌없이 나누었다. 곰탕캔 재고를 주변 필요로 하는 곳에 모두 퍼 주면서 나는 이 과정에 하나님의 뜻이 있다는 생각을 하지 않을 수 없었다.

그것은 곰탕캔을 만약 내가 가진 현금으로 사서 지구촌 곳곳의 기아로 신음하는 이들에게 과연 보낼 수 있을까 하는 사실이었다. 내가 보낸 양은 어마어마해 금액으로 따지면 엄청난 액수가 된다. 이 돈을 내 주머니에서 꺼내서는 결코 지원하지 못했을 것이다. 아마 했더라도 내가 가진 여유 안에서 작은 액수를 내어 도왔을 것이 분명하다.

하나님께서는 이를 아시고 내게 곰탕캔을 만들게 하고 지구촌에 아낌없이 나누도록 한 것일 수 있다는 생각이 들었다. 물론 내겐 엄청난 손해이고 은행 빚이 어마어마하게 쌓여 있는 상황이었다.

그러나 내가 지금까지 하나님의 은혜로 여기까지 왔고 또 여전히 장사가 잘 되는 뉴욕곰탕이 있어 몇 년 고생하면 채무감당이 가능하니 긍정적으로 생각하면 이 상황마저도 감사 할 수 있었다. 하나님께서 이렇게 생각하도록 깨달음을 주시니 마음이 한결 편했다.

"하나님. 곰탕캔 사업은 하나님과 저의 목적이 달랐음을 깨달았습니다. 하나님께서 이것은 판매해 돈 벌라는 것이 아니라 나누라는 뜻이었고 저는 돈을 벌려 했습니다. 이제 하나님 뜻대로 된 것을 감사하고 사업을 접겠습니다. 남은 마무리 잘 하게 해 주시고 채무도 빠른 시간에 갚게 해 주세요."

이렇게 뉴욕곰탕캔 사업은 6년여 만에 대단원의 막을 내렸다. 개인적으론 손해가 컸지만 하나님께서는 하나님이 사랑하시는 지구촌 굶주리는 영혼들에게 하나님의 사랑을 나누어 주신 것이라 믿는다. 나는 그 하나님의 큰 섭리에 쓰임 받았음을 감사하게 여긴다.

다른 분은 몰라도 장로님은 망하면 안됩니다

뉴욕에서 교포들이 세운 브로드웨이 내셔널 뱅크(BNB)란 은행이 있다. 교포들의 자본으로 세운 은행인데 그 규모나 자본이 작으니 교포들에게 크게 인기를 얻지 못했다. 은행은 대출을 많이 해주고 그 이자를 받아 운영하는 것인데 은행 설립 초기이다 보니 신뢰를 얻지 못한 부분도 있었을 것이다.

내가 곰탕캔 사업을 하는 JC월드를 창립해 한창 바쁘게 뛰어다닐 때였다. 뉴욕곰탕에서 열심히 번 돈이 곰탕캔 사업과 교회부지 헌금으로 순식간에 빠져나가 자금이 늘 부족했다.

그런데 이 BNB 은행장을 우연히 만났는데 자신의 은행돈을 쓰라고 했다. 내가 기존 거래은행들에서 가능한 대출을 다 받은 상태라 담보대출이 쉽지 않을 것이라고 했더니 SBA융자는 가능하다고 했다.

이 융자는 소규모 상공인을 돕기 위한 융자인데 은행이 30%, 미국

연방정부가 70%을 보증해 대출해 주는 프로그램이었다. 단점이라면 연이자가 13%로 아주 높은 편이었다.

나는 돈도 필요했고 교포은행을 돕는다는 마음으로 서류를 만들어 60만불을 대출받았다. 자금이 부족한 터에 이 돈은 순식간에 사라졌고 매달 이자만 6500불씩 은행에 내야 했다.

그런데 이 대출이 있고 얼마 지나지 않아 거센 IMF를 맞았고 나는 결국 곰탕캔 사업을 접어야 했다. 돈이 부족하니 매달 내어야 하는 60만불에 대한 이자도 내지 못하고 점점 시간이 흐르게 되었다.

보통 이자가 4-5개월 연체되면 바로 연락이 오는데 가끔 연락은 왔지만 그 이상의 재촉이 없어 이자는 계속 연체가 된 상황이었다.

이렇게 1년6개월이 지난 상태에서 BNB은행장을 우연히 만났는데 내게 "대출이자는 잘 내고 계시지요"라고 물어보는 것이었다.

내가 "재정난이 와서 못내고 있습니다. 한꺼번에 정리를 해야지요."라고 대답하자 은행장은 정색을 하며 "빨리 갚아야 할텐데요"라고 했다.

일주일 후 은행장에게서 다급하게 연락이 왔다. 그동안 BNB은행에서 내 사정을 봐주느라 기다렸는데 이제 연방은행에서 "BNB가 그렇게 이자도 못 받고 연체자를 놔두느냐. 그런식이라면 은행허가를 취소하겠다"고 했다는 것이다. 은행이 나로 인해 문을 닫을지도 모르니 긴급한 상황이 된 것이다. 그래서 빨리 이자 및 원금 회수 처리를 하지 않으면 내 담보된 땅을 바로 경매에 붙이겠다고 하는 것이었다.

나로서도 당장 암담한 상태였다. 갑자기 목돈이 나올 수 있는 상황이 아니었고 은행대출은 더 이상 기대하기 힘들었다. 땅이 경매로 날라가면 나는 파산선고를 당할 수도 있었다. 너무나 긴박해 아내에게 이 사실을 알리고 함께 기도하자고 했다.

우리 부부가 마음껏 기도할 수 있는 곳은 뉴욕곰탕 6층 건물의 옥상이었다. 우리는 무릎을 꿇을 수 있는 방석을 하나씩 들고 옥상으로 올라갔다. 그리고 두 손을 높이 들고 통성으로 기도하기 시작했다.

"하나님 아버지. 저 하나님의 영광을 위해 또 선교를 하겠다고 곰탕캔 사업 시작한 것 아시죠. 그런데 IMF로 위기를 맞았습니다. 곰탕캔도 이웃과 다 나누었습니다. 그런데 당장 은행에 60만불과 밀린 이자를 갚아야 합니다. 그런데 방법이 없습니다. 주님께서 그 방법을 찾아주시고 인도해 주셔서 하나님의 자녀가 망신 당하고 손가락질 받는 일이 없도록 도와주세요."

우리 부부의 통성기도는 오랫동안 계속 되었다. 아마 우리 건물 옆 앰파이어스테이트 빌딩 안에 있는 사람들은 웬 동양인 남녀가 빌딩 옥상에서 두 손을 들고 기도하는 모습을 모두 다 지켜보았을 것이다.

결국 내가 융자와 이자를 해결하는 길은 브루클린에 사놓은 곰탕캔공장이 매각되어 그 돈으로 갚는 것인데 공장을 살 사람이 없었다. 1년 전에 70만불에 한국마켓 사장님이 사겠다고 했다가 틀어진 후

작자가 전혀 나오지 않았었다. 이곳 매매가 힘든 것은 가게가 아닌 식품공장이라 용도에 제한이 있었기에 더 그랬다.

그런데 우리 부부가 뜨겁게 또 간절히 기도한 후 한국마켓에서 이곳을 다시 사겠다고 연락이 왔다. 참으로 절묘한 타이밍이었다. 하나님의 기도응답이라 여겨졌다.

은행도 다급해 이 매매계약이 빨리 이뤄져 처리를 해야 했기에 계약을 하는 날 동석을 했다. 그런데 문제는 내가 공장을 팔아 받는 액수가 대출과 그동안 밀린 이자를 합하니 8만불이 모자랐다.

다 알겠지만 은행은 단 1불도 이자를 깎아주는 법이 없다. 오히려 단 하루만 이자를 연체해도 연체이자를 받는다. 계약에 의해 모든 것이 움직이며 한치도 인정사정 봐주는 경우가 없다.

그런데 이것이 웬일인지 몰랐다. BNB은행장이 상상하지 못한 말을 했기 때문이다.

"우리는 김유봉 장로님이 지금까지 어떻게 살아오셨고 뉴욕곰탕을 어떻게 운영하셨으며 또 한인 교포사회에 어떻게 기여하셨는지 잘 알고 있습니다. 다른 분이라면 몰라도 김 장로님은 교포사회의 산 증인이신데 결코 망하셔서는 안된다고 저희는 생각합니다. 이사회 승인 등 여러 가지 절차가 있지만 이 이자 8만불을 은행차원에서 감해주는 것으로 처리해 보겠습니다."

눈물이 나도록 고마웠다. 무엇보다 '김유봉 장로는 망하면 안된다'는 말에 큰 용기가 생기고 주먹을 불끈 쥐게 만들었다. 그동안 크리스천으로서 나름대로 교포사회에 선한 영향력을 끼치고 덕을 쌓은 결과인지 모르겠지만 이 사건은 내게 지역사회를 위해 할 수 있는 한 더 봉사하고 더 도움을 주어야 한다는 생각을 갖게 했다.

이날 저녁, 아내와 나는 빌딩 옥상에서 부르짖은 기도를 응답해 주신, 좋으신 하나님을 마음껏 찬양했다.

주일성수와 1만불

뉴욕곰탕은 일주일 중 주일날 문을 열면 이날 매상이 가장 컸다. 따라서 주일날 아예 문을 닫고 온전히 주일성수를 지킨다는 것은 한 달 매출을 놓고 보면 엄청난 손해였다.

그래서 장로가 되고 교회생활도 열심히 하면서도 주일에 뉴욕곰탕은 문은 열고 장사를 했다. 그리고 주일에 영업을 하는 이 부분에 대해 성도들 대부분도 이해하는 분위기였다. 주일이라고 모든 것을 손 놓아 버리면 사회가 어떻게 돌아가겠느냐는 것이 모두 공감해 주는 부분이었다.

나 역시 그동안 담임목사 설교와 부흥회에 초청된 목사들의 설교를 통해 주일성수의 중요성을 강조하는 내용을 귀에 못이 박힐 만큼 자주 들었다. 사실 이 때마다 마음 한 구석이 찔렸던 것이 사실이다.

식당 입장에서는 주말 매상이 평일의 2배 이상이라고 보면 된다.

1985년 열린 뉴욕 코리안 퍼레이드 행사에 뉴욕곰탕이 암소 모형을 만들어 시가행진에 참가했다.

내 입장에서 많은 종업원을 거느리고 수입과 지출을 맞추어야 하니 주일에 장사를 하지 않는다는 것은 너무나 큰 타격이 되기에 이를 내려 놓지 못하고 계속 문을 열고 있었다.

그러던 1996년 어느날이었다. 한 유명 목사님의 설교테이프를 듣다가 주일성수에 대한 이야기가 또 등장했다.

"성경에는 하나님께서 인간에게 지켜 행하라는 율법이 613가지나 됩니다. 그러나 인간은 이것을 결코 다 지킬 수 없습니다. 이 613가지 율법의 핵심이 두 가지 계명으로 요약될 수 있는데 그것은 바로 하나님을 사랑하고 이웃을 사랑하라는 것입니다. 그래서 하나님을 사랑하는 첫째는 바로 안식일, 즉 주일을 힘써 지키는 것이고 이웃을 사랑하는 첫째는 부모님 말씀에 순종하는 것입니다. 길선주, 이기풍 목사 등 신앙 선배들은 주일 성수와 이웃 사랑의 본을 보였고 영국에서 미국으로 건너 온 청교도들의 신앙도 무엇보다 주일 성수가 첫째였습니다."

가슴이 덜컹했다. 주일 영업을 해서 그 수입으로 헌금을 많이 드리는 것으로 주일성수를 하지 않는 것에 미안함을 덜고 있었던 나는 이 설교를 통해 주일성수는 단지 내가 지키고 안 지키는 선택의 문제가 아니라 하나님이 명하신 가장 근본적인 신앙의 문제라는 것에 부끄러움을 느꼈다.

그리고 이 설교는 주일날 다 쉬면 누가 버스를 운전하고 누가 응급실에서 환자를 치료하느냐는 당위성을 가졌던 부분에 대해서도 해석을 내려 주었다.

"많은 분들이 주일에 일해야 하는 업종들 가령 응급실 의사나 군인, 버스 기사들이 쉬면 사회가 어떻게 돌아가느냐고 하며 주일을 온전히 지키지 못하는 것에 대한 이유로 삼습니다. 성경에도 바리새인들이 예수께 안식일에 왜 병자를 고치냐고 따져 물었던 내용이 나옵니다. 그런데 이 때 예수께서는 안식일에 소가 구덩이에 빠졌는데, 이를 가만 보고 있냐고 되물었습니다. 즉 주일에 선행, 곧 물에 빠진 사람들, 병든 사람들 돕는 건 얼마든지 할 수 있지만 개인의 이익을 추구하고 만족을 목적으로 주일성수를 하지 않는 것은 아니라는 것입니다.

주일은 한 주일의 첫째 날이 주일이고, 첫 것은 하나님께 드리는 날입니다. 온전한 주일 성수는 우리가 가져야 할 신앙의 기본임을 아무리 강조해도 지나치지 않습니다."

마음 속으로 나도 이제 결단의 시간이 왔다고 생각되었다.

주일성수의 신학적 배경을 살펴보니 신약시대부터 교회는 주일을 철저히 지켰다. 신자들은 안식일 후 첫날에 떡을 떼려고 모였으며(행 20:7), 바울은 고린도 신자들에게 이 날에는 일을 하지 말고 쉬라고 했다(고전 16:2).

안식일 대신 주일을 지키게 된 것은 예수 그리스도의 부활을 기념하기 위한 것이었다. 하나님도 천지를 창조하고 7일째 되는 날은 쉬면서 본을 보였으므로 주일은 휴식(육신)과 예배(영혼)을 위하여 사람에게 준 복의 날이라는 것이 주일성수의 기본개념이다.

결국 주일성수의 문제는 내 삶에서 '하나님이 먼저인가' 아니면 '식당영업으로 돈버는 것, 즉 세상이 먼저인가' 하는 질문에 대한 응답이었다.

뉴욕곰탕에서 주일날 들어오는 하루 매상이 1만불 남짓이었다. 영업을 포기하고 주일성수를 하는 대신 한 달이면 4만불, 1년이면 50만불이 넘는 돈이 전체 매상에서 빠지는 것이었다.

나는 성수주일이냐 하루 1만불 매출을 얻느냐의 갈등에서 사실 힘들었지만 결국 승리할 수 있었다. 교회 장로로 성도들의 모범을 보여야 하고 그것을 넘어 이제 물질 보다 믿음이 우선돼야 한다는 것이 마음으로 다가왔다.

내가 종업원을 모아 놓고 다음 주일부터 주일은 영업을 하지 않으니 모두 교회 나가 신앙생활 열심히 하면 좋겠다고 말했다. 모두가 크게 놀랐다. 직원들은 그동안 매주 금요일에 식당 안에서 직장예배도 드렸고 주일에 교회에 다녀와 일할 수 있도록 마음껏 배려도 받았는데 이 정도면 사장인 내가 충분하게 잘하고 있는 것이라고 말했다. 그리고 이렇게 모두 쉬어 버리면 식당이 입을 타격을 어떻게 감당할지 우려했다. 그러나 나는 곧바로 실행에 옮겼다.

난 뉴욕곰탕 식당광고를 내는 모든 언론 매체에 '주일은 쉽니다'를 추가로 넣게 했다. 곰탕을 드시러 왔다가 허탕을 치게 만드는 경우가 없어야 했기 때문이다.

주일성수는 일단 내 마음에서 결정된 것인 만큼 어려움이 있어도 번복하지 않았다. 아내 역시 내게 너무 잘 한 결정이라며 이제 주일을 교회예배와 봉사에 집중하자고 했다.

이렇게 시작된 뉴욕곰탕의 주일성수는 월말 결산에서 정말 큰 타격으로 다가왔다. 수입은 4만불이 비는데 지출은 큰 차이가 없어 수익 부분에서 전 달과 격차가 컸다. 그리고 무엇보다 손님들의 불평이 컸다. 주일 오후에 모처럼 가족들과 오붓하게 한식을 즐기러 오는 것이 큰 낙인데 장사를 하지 않으면 어떻게 하느냐고들 불평했다.

그동안 많은 분들의 간증을 들으면 주일성수를 했더니 다른 날 더 많은 손님들이 들어와 수입이 더 커졌다는 이야기를 숱하게 들었었다. 그러나 내게는 이 사례가 전혀 적용되지 않았다. 그대로 정확하게 수입이 1만불씩 비어 버려 시간이 지날수록 후회되는 마음이 자꾸 들기도 했다.

이 때마다 나는 기도 가운데 어렵게 내린 결정이 후퇴하지 않게 해 달라고 간구하곤 했다. 인간의 심리는 정말 흔들리는 갈대와 같았다.

주일성수로 수입은 크게 감소했으나 하나님께서는 후일 다른 곳을 통해 뉴욕곰탕에서 주일성수를 하지 않아 벌 수 있었던 돈의 몇 배를 단숨에 벌게 해 주셨다.

하나님의 계산법은 인간의 계산법과 다르다. 지금은 손해라고 안타까워 하지만 하나님은 그것이 하나님을 향한 믿음이고, 하나님을 영광스럽게 하는 일이며, 하나님을 기쁘시게 했다면 다른 곳을 통해 넘치게 주신다. 생각지 못했던 통로를 통해 더 큰 복을 부어 주시는 것이다.

후일 내가 뉴욕곰탕이 임대해 있던 이 6층 건물을 매입하는 가운데 놀라운 기적이 일어났다. 그리고 이 건물은 부동산 가치상승으로 계속 올라 앞서 주일성수에 따른 식당수입을 몇 배나 뛰어넘게 했다.

그리고 뉴저지 한인타운의 노른자위 땅을 사서 서울회관을 열었다.

이 땅도 300만불에 샀지만 지금은 3배 가량 올랐다. 난 이것이 주일 성수를 위해 주일수입 1만불을 포기한 것에 대한 하나님의 선물임을 믿고 있다.

나누고 섬기며 이뤄지는 전도

내가 8년간 주일 아침 마다 교회까지 모시고 오는 권사님이 계셨다. 하루는 주일 아침에 차로 오면서 대화를 하다가 갑자기 "장로님, 지난 주 담임 목사님 설교가 너무 길었죠. 시간을 맞춰주셔야 하는데 이 때문에 뒤 일정이 미뤄져 모두 힘들어들 했어요"라고 하셨다.

이 때 내가 그 권사님 의견에 동조하며 함께 목사님의 설교가 길었던 것을 문제 삼았다면 은혜가 떨어지는 행동을 한 것이다.

"권사님. 성경에 보면 내용이 긴 창세기도 있고 짧은 빌레몬서도 있듯 설교가 길기도 하고 짧기도 하지요. 은혜로 받으면 은혜입니다."

권사님이 머쓱해 하셔서 다른 덕담을 나누며 교회에 잘 도착했다. 그리스도인에게는 은혜가 풍성해야 한다. 이 은혜는 그냥 풍성해지는 것이 아니다. 내가 먼저 섬기고 나누고 베풀어야 한다.

다행히 나는 식당을 크게 하고 있었기에 음식을 나누기에 너무나 좋은 조건이었다. 목사님들 모임이나 기독교 행사 등에 곰탕을 제공하거나 반액할인 등을 통해 섬길 수 있었고 식당은 무엇보다 전도하기에 최고였다. 우리나라 속담에 '먹는 데서 인심 난다'란 말이 있는 것처럼 나는 전도 대상이 생기면 무조건 운영 중인 뉴욕곰탕으로 초대했다

식사를 잘 대접하고 가족들과 먹으라고 곰탕포장까지 넉넉히 해주면서 교회다닐 것을 전도하면 사람들의 마음 문이 잘 열렸다. 그리고 전도자가 사는 근처 교회를 꼭 소개하곤 했는데 전도가 아주 잘 되었다.

나와 아내는 신앙생활을 하면서 이런 좋은 조건 때문에 많은 분들을 전도할 수 있었다. 구역예배 역시 특별한 일 없으면 우리 집을 개방하고 냉장고 문도 누구든 열어 꺼내 먹을 수 있도록 음식들을 꽉꽉 채워 놓았다. 특히 한창 먹어대는 중고등부 학생들을 위해 우리 집 지하실에서 예배드리게 하고 찬양하며 성경공부를 하도록 했다.

미국에 자녀를 유학 보내고 연고가 없는 분들은 자녀가 휴일이나 기숙사에서 나와 있어야 할 때 소문을 듣고 나를 찾아가 보라고 하는 분들이 제법 있었다.

뉴욕곰탕집에 가면 학생들을 잘 보살펴 준다고 소문이 났다는 것이다. 나는 그저 한창 커가는 학생들 이야기 들어주고 격려하며 곰탕

한 그릇 나누는 것이지만 이들에게는 큰 힘이 되었다고 해 보람이 있었다.

내가 사는 뉴저지의 집도 늘 개방해 한국에서 온 목사님이나 해외에서 온 선교사님에게 게스트룸을 언제라도 제공해 드렸다. 일주일씩 길게는 보름 이상도 묵고 가셨다.

또 미국에 취업비자를 받아 정착하길 원하는 이들도 많이 도왔다. 한국인이 미국에 합법적으로 살아가려면 정식 비자를 받아야 한다. 뉴욕곰탕처럼 정식으로 세금을 잘 내고 영업하는 가게에 직원으로 취직하면 우리가 취업비자를 받게 만들어 주는 것이다.

그런데 이 취업비자도 변호사를 사서 작업을 하면 2-3만불이나 들고 브로커를 잘못 만나면 돈만 떼이기도 했다.

그러나 나는 사연을 듣고 정말 도움이 필요한 상황이면 조건없이 우리 식당이 초청하는 취업비자를 받아주곤 했다. 아예 사례는 받지 않았다.

이 중 한 가정은 남편이 항공사 사무장이고 부인은 스튜어디스 출신인데 딸 아이가 장애가 있어 교육조건이 좋은 미국으로 오고 싶어 해 비자를 받도록 도움을 주었다.

그런데 이것이 정말 감사했던지 시애틀에 사는 그 여집사님이 매년 내 생일을 즈음해 감사편지와 선물을 15년간 꼬박꼬박 보내주었다. 나도 가끔 시애틀을 가면 만나기도 했는데 늘 손으로 눌러쓴 펜글씨를 읽으며 감동을 받곤 했다. 내가 너무 바빠 이 편지를 받으면 내 생일이 다가온 것을 알았다. 이 집사님의 딸이 커서 결혼도 했으니 세월이 참 빠르다.

크리스천은 은혜의 사람이 되어야 한다고 생각한다. 성령으로 충만해 하나님의 사랑을 깨닫고 삶과 신앙이 하나님을 기쁘시게 하는 것으로 초점이 맞춰져야 한다.

매사를 하나님을 사랑하는 마음으로 하고 은혜로 하고 감사로 하면 지치지 않고 기쁨을 잃어버리지 않는다. 그러기 위해서는 하나님과의 1대1 관계를 점점 더 깊게 맺어가야 한다.

교회 사역을 아무리 많이 감당했더라도 그 속에 기쁨과 감사가 없으면 안될 것이다. 내 영혼을 돌아보고 주님을 사랑하는데 집중해야 한다. 교회는 오직 하나님을 사랑하는 곳이며 하나님께 영광을 올려드리고 그 분을 기쁘시게 해야 하는 곳이다.

그래서 나는 32번가 뉴욕곰탕 식당을 운영할 때 식당 안 중심부 가장 잘 보이는 위치에 큼지막한 성구액자를 걸어 놓았다. "항상 기뻐하라 쉬지말고 기도하라 범사에 감사하라"는 데살로니가전서 5장16절 말씀이었다.

하나님 눈에는 우리 모두가 다 귀한 존재다. 그래서 하나님이 각자에게 주신 재능과 은사를 발견해 그것을 극대화 시켜 하나님 영광을 위해 사용하는 것이 최선의 삶이라 여긴다.

나는 어떤 것을 보고 가슴이 뛰고 감동이 온다면 그것은 하나님이 허락하신 소명이라고 생각한다. 그것은 사람마다 각기 다 다르다. 하나님은 모두에게 다양한 재능을 주셨기에 각지 잘하는 분야대로 은사를 활용하는 것이 좋다고 생각한다.

요즘은 식당을 하지 않으니 전도의 연결고리가 없어 아쉽다. 그러나 이젠 기도와 사랑, 섬김으로 복음을 전하고 있다. 하나님의 살아계심과 역사하심을 보여주는 것은 내가 그것을 확신하고 체험했을 때보다 강하게 증거할 수 있다.

이런 맥락에서 누군가 내게 성경 말씀 중에서 가장 좋은 구절이 어디냐고 묻는다면 에베소서 6장 24절 말씀이라고 말한다.

"우리 주 예수 그리스도를 변함 없이 사랑하는 모든 자에게 은혜가 있을지어다."

아직 하나님의 특별한 은혜의 세계에 들어가 보지 못한 신앙인들은 축복의 조건, 은혜의 조건을 세상적 잣대와 같이 견준다.

그러나 예수님을 사랑하고 그 은혜에 깊이 거하는 이들에겐 성공의 척도는 완전히 다르게 나타난다. 이 에베소서 말씀대로 "예수님을 변함없이 사랑하는 자에게 깊은 은혜가 나타난다"고 나는 믿는다. 어떤 상황과 환경 가운데 있든, 돈이 많든 적든 전혀 상관이 없다.

여기서 중요한 것은 하나님을 향한 변함없는 사랑이다. 모든 관계에서 반드시 위기가 오는데 이는 하나님과의 관계에서도 같다.

예배 드리러 올 때 마음이 설레고 기쁘면 성공한 예배자이다. 우리는 하나님과 1:1 개인적 깊은 관계가 맺어져야 한다. 내가 어떤 사역을 맡든 그 중심에는 하나님이 좌정하고 계셔야 한다.

그리고 주님의 은혜와 사랑이 풍성한 이들의 표증은 영혼에 대한 사랑이다. 천국백성으로 삼아야 한다는 절박감에 복음을 전하지 않고는 견디지 못하게 만들기 때문이다.

우리는 신앙생활을 하면서 판단하고 정죄하고 평가하기를 좋아한다. 그러나 은혜가 넘치면 그 모든 것을 품고 이해하고 용서하며 사랑하게 된다. 은혜는 그 무엇을 넣어도 품고 사라져 버리게 만드는 용광로와 같기 때문이다.

나의 남은 삶도 주님을 증거하고 또 나누고 섬기며 사랑을 실천하는 신앙인이 되길 간절히 소망해 본다.

아내의 기도

내 신앙생활은 결혼과 함께 시작되었다. 그리고 그 시작부터 지금까지 신앙이 자리를 잡고 성장하기까지는 아내 박송현 권사의 역할이 컸다. 기독교를 잘 모르던 내가 아내의 결혼조건이 '교회에 함께 다니는 것' 단 하나였기에 두말 없이 승낙을 하고 교회에 출석하기 시작했다.

이후 지금까지 45년이 넘도록 함께 신앙생활을 하면서 아내 박 권사는 언제나 나보다 믿음이 앞서서 나를 이끌어 주었다. 신앙생활 초기에 내가 피곤하다며 교회를 가지 않고 집에서 낮잠을 잘 때도 아내는 나와 다투지 않고 그저 조용히 기도만 했다.

누군가가 이 세상에서 제일 무서운 사람이 '기도하는 사람'이라고 말했던 것이 기억난다. 하나님께 마음껏 고하고 털어놓고 부르짖어 응답받을 수 있기 때문이라는 점이다.

이런 점에서 아내 박 권사야 말로 '기도의 산 증인'이다. 오늘 내가 장로가 되고 신앙을 키우며 교회에 헌신하고 봉사하며 드릴 수 있었던 것은 모두 박 권사의 기도열매라고 할 수 있다.

그것은 내 의지나 노력 보다는 아내의 기도로 나의 믿음이 더 성장했다고 보기 때문이다. 아내의 기도로 나는 늘 성령의 인도함을 받을 수 있었고 옥합을 깨뜨릴 수 있었으며 선교와 전도에 기꺼이 동참할 수 있었다.

그래서 어쩌면 이 책은 내 이름으로 나오기 보다는 아내의 이름으로 나와야 맞는 것이 아닌가 싶기도 했다. 소리없이 뒤에서 내조하며 살뜰하고 아끼고 모아 언제나 꼭 필요할 때 교회를 위해 아낌없이 내놓았던 아내를 나는 성경 잠언 31장에 등장하는 '현숙한 아내'이자 '믿음의 작은 거인'이라고 부르고 싶다.

아내의 신앙생활과 믿음의 소회를 기록하려면 지면의 적지 않은 부분을 할애해야 하지만 이 책에서는 아내의 간증을 간단히 소개해 보려고 한다.

가끔 교회 간증집회를 가서 아내에게도 잠시 간증을 맡기기도 하는데 사람들이 아내 간증을 통해 더 큰 은혜를 받았다고 말한다. 아내가 교회에서 간증을 하는 내용을 일부만 그대로 옮겨 본다.

"저는 언니의 전도로 24세에 교회에 처음 나가게 되었습니다. 언니는 이미 결혼해 26살이었으며 저와 같은 사당동에 살았는데 매주일 저를 교회에 데려가며 연보 돈까지 챙겨주는 정성을 보였습니다.

믿음이 없었는데도 이상하게 교회만 가면 눈물이 났던 저는 교회 출석 6개월이 지나서야 스스로 헌금하며 믿음을 조금씩 키워갔습니다. 예배에 늦게 가고 일찍 나오던 얌체 같았던 제가 완전히 그 반대가 되었고 영적으로 성장하면서 기도원도 다니며 뜨겁게 기도를 하게 되었습니다.

기도하면 할수록 하나님의 영적세계는 놀라왔습니다. '기도의 깊이와 능력'을 조금씩 배우고 체험할 수 있었습니다. 이 때 저의 배우자를 놓고 기도를 많이 했던 것 같습니다.

저는 먼저 미국에 와 있던 10살 위 언니의 초청으로 뉴욕으로 어머니와 이민을 왔는데 처음엔 언니와 지내다 불편해 방을 얻어 따로 나와 살게 되었습니다.

전자회사에 취직해 일하던 저는 교회를 다니고 싶은데 한인교회는 고사하고 미국교회도 찾기 힘들었습니다. 낯설은 미국생활이 힘들고 외로웠습니다. 그런데 그나마 신앙이 있어서 하나님께 기도하며 이겨낼 수 있었습니다.

대화상대가 없어 늘 하나님과 혼자말로 대화했고 길을 가면서도 중얼중얼 기도하고 말했으니 나를 본 사람은 아마 실성했다고 했을지도 모릅니다. 길을 걸어가면서 가요곡조에 기도를 담아 부르기도 했으니 저는 참 엉뚱한 면이 있었습니다.

어느 주일, 교회에서 예배를 드리고 싶은 열망에 아침부터 교회를

오랜 시간 믿음의 본을 보이며 김유봉 장로를 내조한 부인 박송현 권사와 최근 찍은 사진.

찾으러 나섰습니다. 이날도 길을 걸으며 기도하는데 눈물이 쏟아졌습니다. 드디어 자그마한 교회를 발견하고 들어가려는데 문이 잠겨 있었습니다. 시간이 너무 일렀던 것입니다.

그 자리서 계속 기다리다가 교회로 온 한 미국여성이 저를 발견하고 놀란 눈으로 어떻게 왔느냐고 물었습니다. 예배를 드리러 왔다고 한 뒤 교회 맨 뒷자리에 앉아 너무 감격스러워 울면서 또 기도했습니다.

예배 후 그 자매는 내가 한인교회를 찾고 있다는 사실을 알고 직접 수소문해서 2주만에 김용주 목사님이 담임하던 한인교회를 직접 안내해 주었습니다. 얼마나 감사하던지 이 때부터 열심히 신앙생활을 했고 더 기도의 열정에 불탔던 것 같습니다.

얼마 후 교회 집사 한 분이 제게 남자를 소개시켜 준다며 어느 한국 음식점으로 데려갔는데 한참이 지나도 상대가 나오지 않아 무척 자존심이 상했습니다. 그래서 주선자에게 가자고 막 재촉하는데 이 때 바싹 마른 한 남자가 주방에서 나왔습니다. 제 눈도 마주치지 못하고 몇 마디 말만 주고 받았는데 순진하고 착하다는 인상만 받았습니다.

사실 상대는 불법체류자에 돈도 없고 식당에서 접시를 닦는 청년이라 결혼상대로는 완전히 낙제점이었습니다. 그러나 저는 신랑감을 눈에 보이는 조건 보다는 신앙적으로 판단해야 한다고 여겨 일단 기도를 해보기로 했습니다.

아마 제가 신앙이 없었다면 김유봉 장로를 다시는 만나지 않았을 것입니다. 나는 최소한 사람을 눈에 보이는 환경으로만 판단해선 안 된다고 여겼습니다.

그리고 제가 한국서 배우자를 놓고 기도할 때 저를 좋다고 적극적으로 쫓아다니는 사람을 만나게 해달라고 기도했는데 부끄러워 얼굴도 못들던 식당 청년이 맞선 이후에 죽자고 따라 다니며 데이트 신청을 했습니다. 우리는 만난지 한 달 만에 둘 다 빈손으로 식당 문 열기 전 시간을 이용해 결혼식을 올렸습니다.

이후 저의 삶은 정말 바빴습니다. 애들을 연이어 낳고 뉴욕곰탕 가게를 열어 몸이 10개라도 모자랄 정도였습니다. 매일 매일이 기도하지 않으면 버티기 힘든 영적 전투장이었습니다.

저는 자세히 설명하기 힘든 여러 가지 영적 체험들을 참으로 많이 했습니다. 하나님은 살아계시며 우리의 생사화복을 주장하시는 분이십니다. 기독교는 교리도 중요하지만 체험으로도 하나님을 가깝게 느낄 수 있는 종교입니다.

많은 분들이 하나님의 은혜와 복은 받기 바라면서 하나님과 영적으로 깊이 교제하며 그분의 뜻대로 행하면서 살아가지 않으려 합니다. 하나님을 믿고 따르는 일은 쉽지 않습니다. 고통과 노력이 필요합니다. 때론 목숨도 내 놓아야 합니다. 신앙생활이 결코 쉬운 것이 아닙니다.

제가 가장 힘들었을 때는 교회에 건축을 위해 땅부지를 사느라 120만불을 작정하고 이를 최선을 다해 드리는 가운데 곰탕캔 사업도 병행하게 되었을 때입니다.

제 마음 속에는 세상의 일인 곰탕캔 공장 보다 주님의 전인 교회가 더 빨리 지어져 봉헌되길 간절히 원했습니다. 그래서 이를 위해 밤마다 교회를 찾아 뜨겁게 기도했습니다. 40일 철야기도도 여러번 했고 얼마나 여기에 매달렸던지 안면마비가 된 적도 있었습니다.

이 때문에 안달병이 생길 정도였습니다. 하나님께서는 뭐든지 항상 기뻐하고 감사하라고 하셨는데 하나님과의 약속을 제대로 지키지 못하니 평안이 없었습니다. 늘 이 문제를 놓고 기도하며 울고 또 울었던 것 같습니다.

뉴욕곰탕은 손님들이 밀려와 장사는 잘 되었지만 약정헌금을 위해 모든 것을 절약하고 또 절약했습니다. 지배인을 내보내고 제가 홀을 담당해 손님을 맞았으며 잔디깎는 300불을 아끼느라 제 손가락 세 마디가 절단되는 사고를 입어 장애인이 되기도 했습니다.

하나님께 영광을 올려드리고 그 열매가 맺기까지는 그냥 절로 되는 것이 아니라고 생각합니다. 기도가 쌓이고 헌신이 쌓이고 물질이 드려지고 희생이 있어야 한다는 신앙의 진리를 배웠습니다.

믿음의 열매가 그냥 수확되지 않습니다. 예수님도 십자가 사건의 희생을 통해 인류 구원의 귀한 역사를 이룬 것처럼 우리도 하나님의 역사가 이뤄지기까지는 긴 인내와 고통이 동반되곤 하는 것을 보게 됩니다.

저는 필사적으로 기도하며 하나님께 매달릴 때 오히려 악한 영의 공격을 더 세게 받곤 했습니다. 차가 심하게 찌그러져 폐차가 될 정도로 차사고가 3번이나 났고 한 번은 비가 올 때 창밖을 내다 보며 비구경을 하다 벼락이 내리쳐 집안의 전기 제품은 모두 다 타버리는 엄청난 사고도 있었습니다.

악한 영은 어찌하든 필사적으로 기도하는 저를 사라지게 하려고 했지만 그 절체절명의 순간마다 하나님은 저를 지켜주시고 보호해 주셨습니다. 저는 하나님의 보호하심이 없으면 악한 공격을 이겨낼 수 없기에 더 기도하지 않을 수 없었습니다.

하나님은 언제나 우리에게 오셔서 문을 두드리고 계십니다. 그러나 눈과 귀가 막힌 영은 그 소리를 듣지 못합니다. 하나님은 우리에게 문을 열어 달라고 하시지만 우리는 내 마음대로 생각하고 판단하고 결정하며 이것이 하나님의 뜻이라고 자신을 합리화시키는 잘못을 범하곤 합니다.

신앙의 최우선 순위는 하나님과 나와의 교통이며 관계입니다. 하나님과 깊은 영적교제가 없으면서 하나님을 믿고 의지한다는 말은 앞뒤가 맞지 않습니다.

그래서 우리는 성령으로 충만해야 하는 것입니다. 성령이 나와 함께 하실 때 바른 판단과 바른 생각이 나오며 지혜가 솟아납니다. 성령은 깊은 기도 가운데 임재합니다. 성령으로 하나님의 뜻을 헤아리고 성령으로 움직이는 삶은 기쁨과 은혜가 충만합니다. 감사가 넘칩니다.

하나님은 이제 오랜 기간 식당을 한 저희 부부에게 2013년 은퇴를 하게 하시고 쉼을 주셨습니다. 식당을 모두 내려 놓고 이제 선물로 주신 뉴저지의 금싸라기 땅에 노인아파트를 건립하는 비전을 주셨습니다. 이 아파트가 전도와 선교의 도구가 될 것을 믿고 남편과 기도하고 있습니다.

하나님은 살아 계시며 지금도 역사하십니다. 불꽃같은 눈으로 우리의 모든 것을 지켜 보시며 각 자에게 문을 두드리십니다. 우리의 인생은 영원하지 않습니다. 영원한 것은 천국입니다. 이 천국열차에 저와 여러분 모두가 탑승해 힘찬 찬송을 부르며 하나님을 만나게 되길 간절히 소원합니다. 아멘."

아내는 여전히 기도로 하루를 열고 기도로 하루를 닫는다. 1남2녀에 8명의 손자 손녀를 둔 우리 가족들과 앞으로 우리가 감당해야 할 사명을 놓고 기도하니 기도할 내용이 얼마나 많은지 모른다고 했다. 여기에 나라와 민족, 바른 정치가 이뤄지고 선교가 더욱 더 활발해져 세계복음화가 하루빨리 이뤄지길 늘 기도하고 있다.

아내의 삶은 세상적으로 보면 참으로 힘들고 고달픈 여정이었다. 그러나 하나님이 보시기엔 정말 자신의 모든 것을 드리며 주님의 영광을 위해 헌신한 믿음의 딸이었다고 여겨진다.

우리 부부에게 하나님이 허락하신 세상의 삶이 어디까지 정해져 있는 것인지 나는 모른다. 그러나 그 안에서 우리 부부는 서로를 위해 기도하고 또 믿음을 나누며 신앙의 동반자로서 주어진 사명에 최선을 다할 것이다.

믿음의 아내, 기도하는 배우자를 주신 하나님께 감사드린다.

네 손이 이 꽃보다 더 이쁘단다

하나님이 창조하신 신체의 모든 부분은 놀랍도록 정교하다. 어느 하나 필요치 않은 곳이 없을 정도로 완벽한 생명체로 만든 것이 인간이 아닌가 싶다.

이 인간의 몸 중에서도 하루 종일 가장 많이 사용하는 것은 무엇일까. 손(hand)일 것이다. 손으로 밥을 먹고 세수하고 운전하고 컴퓨터 좌판을 두드린다.

그런데 나의 아내 박송현 권사의 오른손을 보면 중지와 약지의 첫 마디 부분이 사라지고 없다. 누가 보아도 장애를 가진 손이다. 박 권사의 손이 이렇게 된 것은 안타깝고 가슴 아픈 사연이 숨겨져 있다.

1996년은 나와 박 권사에게 엄청나게 힘들고 부담스러운 해였다. 32번가 뉴욕곰탕 가게는 운영이 아주 잘 되었지만 교회건축부지 대금 120만불을 부담하기로 한데다 다시 건축헌금 30만불을 작정해 식당에서 돈이 들어오기가 무섭게 은행에 부지 대금으로 또 건축비로 다시 나가야 했다.

더구나 이제 시작해 준비 중인 곰탕캔 사업도 돈이 많이 들어가 재정적으로 늘 압박을 받았다. 나는 온 가족에게 긴축재정을 선포했다.

"우리가 당분간 모든 지출을 아껴야 할 것 같다. 하나님께 약속한 헌금을 다 드리고 나면 그 때는 정상으로 돌아올 것이니 그 때까지 참아주면 고맙겠다."

집에서 지출되던 부분들을 최소화 했다. 아이들 용돈도 줄였다. 매주 100불이던 것을 50불로 하고 새로운 물건을 사는 것도 모두 뒤로 미루었다.

미국 주택들은 집집마다 정원 잔디를 깎는 것이 큰 일이다. 일주일만 방치해도 잔디가 쑥쑥 자라 보기가 흉하게 된다. 더구나 잔디를 안 깎고 계속 방치하면 미관을 해친다는 이유로 벌금까지 내야 하니 무조건 깎아야 한다.

그래서 집 잔디만 전문적으로 손질해 주는 회사가 있어 집집마다 계약을 맺는다. 정기적으로 와서 잔디를 깎고 손질해 주는데 이 비용이 월 300불이었다. 집안 긴축재정을 하는데 나는 이 300불도 아까웠다. 내가 깎으면 된다는 생각에 우리집 잔디 깎는 계약을 취소했.

그리고 잔디 깎는 기계로 시간이 날 때마다 직접 깎는데 제법 힘이

들었다. 그러나 어느날 내가 바빠 잔디 손질을 못했는데 그 사이 아내가 직접 하겠다고 기계를 만졌다.

우리 잔디 깍는 기계는 스위치만 누르면 작동하는 것이 아니라 모터가 움직이게 하려면 시동을 거는 준비단계가 필요했다. 성질 급한 나는 이 과정도 시간이 아까워 준비단계를 생략하도록 강력 테이프를 붙여 놓았었다.

그런데 이 사실을 모른 아내가 잔디를 깍기 위해 기계를 꺼냈다. 그런데 풀이 기계에 많이 끼어 있어 빼내려 손을 대다 갑자기 기계 작동이 되어 버렸다. 날카로운 톱날이 아내의 손가락 끝 두 마디를 잘라 버리고 말았다.

연락을 받고 병원에 급히 달려가 보니 아내가 손가락에 붕대를 칭칭 감고 고통스러워 하고 있었다.

너무나 아내에게 미안해 계속 눈물이 나왔다. 돈 300불을 아끼겠다고 온 가족에 희생을 시켜 이런 결과를 만들게 된 것이 너무나 미안했다. 그리고 한편으론 하나님이 원망스럽기도 했다.

이 모든 것이 하나님의 전, 교회를 짓기 위해 헌신하는 과정에서 절약하려는 것이었는데 이런 고통을 주신 사실에 하나님께 시험이 들 수 있는 사건이었다.

그러나 아내는 하나님을 전혀 원망하지 않았다. 오히려 이 사건을 우리의 가정과 곰탕 가게와 곰탕캔 사업, 하나님의 전을 건축하는 일을 방해하려는 사탄의 공격으로 보았다.

그리고 자신이 더 깨어 기도하지 못해 일어난 일이라 여겼고 오히려 더 큰 사고가 없이 이만하길 다행이라고 생각했다.

손마디가 잘려져 나가 손톱이 없는 아내의 손은 기형적이다. 더구나 여성으로서 누구에게나 눈에 띄는 손의 일부분이 장애가 되어 있는 모습은 엄청난 콤플렉스였을 것이다. 그래서 아내는 항상 오른 손을 식탁 위에 올리거나 펴지 않았고 살짝 주먹을 쥐어 사람들이 장애가 있는지 모르도록 감추곤 했다.

자신의 손가락이 절단된 손을 보고 놀라는 사람들의 표정이 부담스럽게 느껴졌기 때문이었을 것이다. 나도 아내의 손을 볼 때마다 늘 마음이 아팠는데 아내는 오죽했을까 싶다.

그런데 수년 전 지구촌교회 이동원 목사님이 장애입은 아내의 손에 얽힌 사연을 듣고 "박 권사님의 손이야말로 예수님의 손입니다. 자신을 희생하고 그것으로 하나님을 높여 드리는 주님의 교회를 건축하셨으니까요"라고 했다. 이 말에 아내가 어린아이처럼 환하게 웃었다.

그런데 지난 2018년 봄에 아내가 한 꿈을 꾸면서 오랜 기간 보이지 않게 마음 속에 자리했던 손가락 절단의 상처로부터 벗어나게 되었다.

아내가 꿈 속에서 교회 강대상 위에 놓인 아름다운 꽃을 보게 되었다고 한다. 아내는 그 꽃이 너무나 아름다워 연신 감탄하며 정신없이 바라보고 있었다고 했다.

그런데 바로 이 때 묵직하면서도 분명한 음성이 들려왔다고 한다.

"네 손가락이 이 꽃보다 더 예쁘단다."

깜짝 놀란 아내는 다시 한번 더 들려오는 이 목소리를 들으며 잠에서 깨어났다고 간증했다. 이후 아내는 주위의 시선에서 완전히 자유로워졌다. 주먹을 쥐고 손가락을 숨기지도 않았고 마음 속에 남이 있던 상처도 사라져 버리고 온전히 치유가 되었다. 주님이 인정해 주시는 '꽃 보다 더 예쁜 손'이기 때문이다.

나는 아내가 이 사고로 장애가 되어 마음이 아프지만 한편으론 하나님께서 우리 부부에게 남은 평생을 신앙 안에서 바르게 살아갈 것을 주문하는 '믿음의 표증'이 아닌가 하는 생각도 든다.

아내는 이런 사고를 겪으면서도 밤마다 기도의 제단을 쌓았고 결국 교회가 건축되고 헌당식을 잘 치르는 밑거름이 되었다. 아내는 곰탕캔 공장 보다 교회가 먼저 지어지게 해달라고 기도했는데 빨리 약정된 헌금을 교회에 드리지 못해 조급증을 보였을 정도로 하나님 앞에 헌신하려고 노력했던 기억이 생생하다.

이렇게 늘 내 신앙 보다 한 걸음 앞서서 나를 이끌어 주고 나를 위해 기도해 주는 든든한 배우자가 있다는 것은 내겐 큰 복이자 하나님의 은혜라 여겨 늘 감사하다.

4부

하나님의 사람은 영원한 청년이다

뉴욕곰탕에서 만난 사람들

오랜 기간 뉴욕곰탕을 운영하면서 무수히 많은 손님들이 찾아왔다. 연인원으로 꼽아보아도 엄청난 숫자가 될 것이다. 더구나 2004년부터는 뉴저지 한인들이 많이 사는 팰팍(Palisades Park)에 뉴욕곰탕 분점인 서울식당을 오픈했으니 그 수는 훨씬 더 늘어난다.

내가 장로라는 직분을 가진 기독교인이어서일까. 유독 뉴욕곰탕에는 목사님들이 많이 오셨다. 특히 미국교회는 한국의 목사들을 부흥회 강사로 많이 초청했는데 뉴욕에 오면 거의 한 두 번은 뉴욕곰탕에 반드시 들렀다.

이 때문에 많은 목사님을 소개받고 이후에도 교제하며 신앙적인 도움도 받았다. 또 내가 물질로 헌금할 수 있는 부분은 나름대로 열심히 했던 것 같다. 목사님들이 오면 가장 좋은 것이 나와 가족, 식당을 위해 기도를 받을 수 있다는 점이다. 영성이 깊은 목회자에게 기도를 받는 것은 기독교인에겐 너무나 소중하고 귀한 일이라 믿기 때문이다.

많은 목사 중에서도 104세로 소천하신 방지일 목사님이 가장 기억에 남는다. 늘 뉴욕에 오시면 들리셔서 친아버지 같은 따뜻함을 보여주셨다.

2010년 6월 28일, 미국 뉴욕 북쪽, 서편이란 지역의 홀리데이인 호텔에 한국인 130여명이 모였다. 이들은 2박3일간 기도와 예배, 특강 등으로 의미있는 시간을 보냈다.

이들이 입고 있는 하늘색 티셔츠엔 'The Pang Family'(방씨네)란 글이 새겨져 있었다. 이 행사는 방지일 목사의 조부인 방만준 할아버지의 후손들 중 미국에 거주하는 이들이 모두 모인 모임이었다. 특히 방지일 목사의 100세를 기념하기 위한 축하예배도 준비되고 있었다. 이 날 참석한 130명 중엔 목사 20명, 장로 16명, 권사 16명, 의사 17명, 교수 13명, 판사 2명, 회계사 3명이 포함돼 있었다.

무엇보다 100세 방지일 목사님의 도덕적이고 영적인 리더십이 존경받고 있음을 단적으로 보여주었다. 방 목사님은 내가 운영하는 뉴욕곰탕에 오셔서도 언제나 일행의 식사비를 먼저 내시고 누구든 섬기려 하시는 모습에 큰 감명을 받곤 했다.

방지일 목사님의 생활신조가 "닳아 없어질지언정 녹슬지 않겠다."였는데 나 역시 이 말씀을 자주 되뇌이고 있다.

1983년으로 기억한다. 뉴욕에 조용기 목사님이 부흥회 인도차 오셨다. 워낙 교계에서 잘 알려진 분이라 일행이 여럿이었는데 멀리서 보기도 강한 카리스마가 느껴졌다. 이후에서 몇 번 더 오셨는데 2022년, 85세로 소천하신 소식을 뉴욕서 듣고 매우 안타까웠다.

역시 소천하신 광림교회 김선도 목사님도 뉴욕에 오실 때마다 들리곤 했다. 내가 부흥회에도 참석했는데 식사를 접대하고 따로 기도를 받은 기억이 난다. 김선도 목사님 형인 김홍도 목사님과도 교제하며 쓰신 저서들을 열심히 읽었다.

지구촌교회 이동원 목사님은 일찍 은퇴하셔서 지금은 원로목사로 활동하시지만 미국 워싱턴에서 한인교회를 개척해 오랜 기간 사역했었다. 1989년 중국에 세워진 연변과학기술대학 지원을 위해 함께 중국을 방문했던 적이 있다. 홍정길 전홍식 목사 등 10여명이 동행한 것으로 기억한다.

이 때는 중국이 개방 전이라 모든 것이 조심스러웠는데 시간을 내어 중국쪽에서 백두산으로 올라갔다. 처음엔 날씨가 흐려 천지를 볼 수 없었고 두 번째 가서야 멋진 천지연 풍경을 눈으로 담을 수 있었다.

정상에 둘러 앉아 준비한 도시락을 먹는 맛도 일품이었다. 식사 중 파리 한 마리가 내 머리 위에 앉았다. 이것을 본 이동원 목사님이 "저 것 보세요. 파리도 곰탕집 주인이 누군지 알아보네요. 김유봉 장로님께 가서 앉아 있잖아요."해서 일행 모두가 크게 웃었던 기억이 난다.

이동원 목사님과는 이후에도 선교사역을 지원하며 지속적으로 연락을 해오고 있다. 나겸일 목사님도 부흥회에 오셨다가 일정이 끝난 후 나이아가라 관광을 같이 다니며 급속히 친해져 교제하게 되었다.

역시 소천하신 김준곤 목사님은 우리 집까지 찾아 주셨다. 아내는 김 목사님께 삼계탕을 정성껏 끓여 대접했는데 미국에 와서 입맛에 맞는 음식이 없으셨던지 아주 맛있게 드셨다. 그리고 우리 가정을 위해 간절히 기도해 주셨다. 우리 부부가 한국을 방문했을 때 김준곤 목사님은 우리 부부를 부암동 CCC 대학생선교회 근처인 하림각에서 고급 중국요리를 대접해 주셨던 기억이 난다.

극동방송 김장환 목사님도 뉴욕에 오면 항상 들려 주셨다. 극동방송어린이합창단 70여명이 뉴욕으로 방송선교모금을 위해 온 적이 있었다. 나는 시역히는 어린이들을 모두 식당에 초청해 대접했는데 이것이 계기가 되어 한국에서 극동방송에 가서 간증 인터뷰를 하기도 했다.

장경동 목사님의 경우는 우리 교회 부흥회를 오신 것이 첫 계기가 되었지만 뉴욕에 자주 오시니 이 때마다 들려주셨다. 신앙에 대한 의문도 질문하고 한국에 나가서 뵙기도 하면서 신앙생활에 도움을 많이 받고 있다.

박종순 목사님이 오셨을 때는 우리가 막 뉴저지 팰팍 땅을 사려고 할 때여서 이를 위해 특별히 기도를 받았다. 이 때 기도해 주시고 개업식당에서 예배를 드려준 한국의 목회자만 10여명이 된다.

그러고 보니 나도 이제 나이가 제법 든 만큼 교제했던 목사님 대부분이 은퇴를 했거나 소천하셨다. 노년을 잘 보내고 계시겠지만 지금 모습 보다 강단에서 불을 토하던 그 열정적인 옛 기억만 간직하려고 하고 있다.

유명 기업인들도 뉴욕곰탕에 많이 왔다. 현대의 산증인인 정주영 회장님도 식사하러 오셨는데 내가 인사를 드리면서 "예수 믿으시라"고 전도까지 했다. 한창 신앙이 불 탈 때라 물불 안 가리고 전도를 했던 것 같다. 나중에 알고 보니 정주영 회장님은 한경직 목사님의 요청으로 한국기독교100주년기념관 건립에 5억원을 내고 준공식에도 참석한 것으로 들었다.

LG의 고 구자경 회장님도 내 기억에 3번 정도 오셨다. 얼마나 바쁘신지 비서가 아래층에서 기다리다가 수시로 올라와 전화를 바꿔주던 기억이 난다.

연예인들도 뉴욕공연이나 촬영차 왔다가 많이 왔다. 한번은 유명한 패티킴이 식당문을 닫기 직전에 일행과 함께 왔다. 주방장과 직원이 다 퇴근해 음식 준비가 힘들지만 곰탕은 데우면 되니 특별히 서비스를 해주겠다고 했다.

그런데 공연을 마치고 와 허기가 진다며 꼭 갈비를 먹고 싶은데 어떻게 안 되겠느냐고 했다. 뉴욕 한인들을 위해 공연을 온 것이니 할 수 없이 내가 직접 갈비를 구워 내놓았다. 패티킴이 얼마나 감사해하는지 식사후 팁도 넉넉히 놓고 자신의 브로마이드에 싸인을 크게 해서 선물로 주었다. 이외에 프로골퍼 미셸 위를 비롯 소프라노 조수미 씨도 뉴욕곰탕 단골손님이었다.

정치인들도 뉴욕에 오면 꼭 들러주었다. 김대중 김영삼 김종필 3김을 비롯해 요즘도 활동하는 현역 정치인도 무수히 와서 식사를 했다. 이렇게 워낙 다방면에 많은 사람들과 교제를 해서인지 우리집 자녀들의 결혼식엔 언제나 많은 분들이 오셔서 넘치게 축하해 주셨다.

인생은 만남의 연속이다. 태어나면서 부모를 만나고 형제를 만나고 친구를 만나고 선생을 만난다. 사회생활을 하며 무수히 많은 사람들과의 관계 속에서 살아간다. 모든 역사는 그 출발이 만남으로 시작된다. 그래서 만남은 소중하다.

그리고 이 만남이 겉모양이 아닌 나의 민낯까지 보여주고 진심이 전달되어 깊은 공감이 서로 형성된다면 이는 인생의 소중한 자산이 된다. 하나님께서도 만남을 통해 역사하심을 성경이 증명하고 있다. 그러므로 나의 만남이 언제 어디서 어떤 부메랑으로 돌아오게 될지는 하나님만 아는 비밀이다.

뉴욕곰탕 32년의 역사 속에서 나 김유봉을 만나고 대화하며 본 사람들의 평가가 어떨지 궁금하다. 그리고 하나 하나 모두를 돌이키니 부족한 부분도 참 많았던 것 같다.

그렇지만 100세 건강시대에 주님이 허락하면 얼마든지 이를 만회할 수 있을 것이다. 그것은 또 새로운 만남을 통해 하나님이 기뻐하실 역사를 만들어 갈 수 있음을 분명히 믿기 때문이다.

천태만상의 음식점 손님들

한국은 이제 선진국이라고 해도 과언이 아니다. 국민 총생산(GNP)이 3만불을 넘어섰고 OECD 가입국가로 세계경제 12-13위권 안에 들어간다.

한국이 세계 최고인 분야도 엄청나게 많다. 세계 어디를 가도 코리안을 알아보고 또 명승지마다 한국인 관광객이 넘친다. 그리고 한국인들 중 식도락을 즐기는 음식 애호가들이 많아 유튜브나 SNS를 통해 맛집을 찾아내는 능력도 어디서나 탁월하다.

그러므로 한국인들이 국내는 물론 세계 어디를 여행하든 식당에 들리게 되고 식사를 하면서 갖추어야 할 매너도 잘 알고 있어야 한다고 여긴다.

뉴욕 32번가에서 오랜 기간 식당을 하면서 무수히 많은 사람들을 만났다. 단골 손님도 많았지만 뉴욕에 온 한국인 관광객이 유명하다는 뉴욕곰탕맛을 보겠다며 들리곤 했다.

나는 식당에서 70년대 80년대 90년대별로 손님의 부류가 달라지는 변천사를 경험했다. 70년대는 정말 신사들만 왔다. 해외여행이 제한되던 시절이었고 뉴욕에 올 정도면 상류층이거나 거의가 사업가들이었던 것이다. 식사도 점잖게 하고 팁도 정확하게 놓고 나가곤 했다. 일부 유학생도 있었지만 아주 적은 숫자였다.

80년대는 유학생과 본토 이민자들이 많았다. 70년대 80년대 미국으로 쏟아져 온 한인 이민자들이 몰려오면서 한인촌이 형성되고 한국식당도 크게 늘어나던 시기였다.

90년대 이후에는 해외여행 자유화가 이뤄지고 관광객들이 기하급수적으로 늘어났다. 패키지 손님들이 몰려왔고 시골 동네 할머니들도 뉴욕구경을 쉽게 오는 시대가 되었다. 최근 5-6년 사이에는 한류 열풍으로 외국인들도 많이 찾아오곤 했다. 한식이 드라마에 소개되면서 이를 체험해 보려는 외국인들이 늘어난 이유이기도 했다.

수많은 식당 손님들을 대하다 보면 특별한 사건이나 경험을 하게 되는 경우가 많았다.

아무리 손님이 왕이라지만 정말 꼴불견인 손님이 적지 않다. 먹지도 않는 반찬을 계속 더 달라고 하는 손님, 무조건 반말하며 윽박지르는 손님. 주문한 지 얼마 안 됐는데 늦다고 짜증내는 손님, 아이가 뛰어다니며 다른 손님에게 민폐를 끼치는데도 방치하는 손님, 술에 취해 야한 농담을 던지며 웨츄레스를 치근대는 손님, 금연인데 굳이

담배를 피워야겠다는 손님, 고기가 탔다며 바꿔 달라는 손님 등등 정말 화가 치솟는 경우가 이루 헤아릴 수 없이 많다.

37년간 식당일을 했으니 나 역시 앞에 소개한 웬만한 경우는 다 겪어 보았다고 해도 과언이 아니다. 그런데 문제가 불거져 트러블이 생기면 무조건 식당 주인이 잘못한 것이 되는 것이 일반적이다. 변명도 통하지 않는다. 악소문이 나면 결국 식당이 손해이기에 참고 또 참고 빌고 또 빌게 되는 것이다.

나 역시 곰탕캔에 쥐가 들어 있다고 협박까지 당했으니 머리카락 나오고 불순물이 나왔다며 돈을 안 내거나 큰소리 치는 경우는 오히려 애교에 속한다.

2008년인가는 숯불에 고기를 구워먹던 외국인이 숯불이 날려 옷을 버렸다며 정식으로 고소를 해온 적도 있었다. 한국 손님은 보통 세탁비 정도 받고 넘어가는데 이 미국인은 얼마나 까다롭게 구는지 몰랐다. 그래도 미안하다고 계속 말하며 300불에 합의를 보고 무마를 한 적이 있다.

나도 한참 혈기가 왕성한 시절, 너무나 거들먹 거리는 손님에 대해 분을 참지 못하고 결국 실수를 해 교포신문에 사과광고까지 낸 적도 있다.

식당 경영 초창기였는데 평소 잘 아는 한인이 식당에 들어와 이것저것 트집을 잡고 나를 놓고 얼마나 빈정거리는지 몰랐다. 처음엔 참고 참다가 인격까지 모독해 결국 나의 잠자던 성격이 터지고 말았다.

온 식당 사람들이 놀랄 정도로 내가 상대를 죽여 버리겠다고 고함치며 위협까지 했으니 잠시 내 인내력의 한계를 넘었던 것 같다.

나중에 신앙인으로서도 이런 모습을 보인 것에 하나님 앞에 기도하며 크게 회개하는 시간을 가졌다. 그런데 이 일은 당연히 전후사정을 따지지 않고 김유봉 사장이 손님에게 화를 내고 위협까지 했다는 소문만 무성하게 났다. 결국 내가 당사자에게 사과하고 소문이 더 커지지 않도록 교포신문들에게 사과광고까지 냈다.

지금은 있을 수 없는 일이지만 이 때만해도 교포사회가 뻔해서 이렇게 광고도 내고 서로 풀어가면서 일했던 것이다.

장로가 되고 나시 뉴욕곰탕 가게에서 교회 성도는 물론 기독교인을 만나게 되는 경우가 많았다. 반갑게 인사를 하고 나면 성도들이 무엇인가 불편해 하는 기색이 역력히 느껴졌다.

고기를 먹으며 간단하게 술로 반주를 해야 하는데 내가 있으니 술을 시키지 못하는 것을 알게 되었다. 내가 가게에 없으면 술을 시켜 먹다가도 내가 들어가면 무척 당황해 하는 경우도 많았다.

뉴저지에 있는 서울식당의 경우 지역에 한인들이 많이 살기에 한인 손님이 대부분이다. 그런데 이상하게 기독교인들이 별로 오지 않았다. 그리고 '서울회관에 오면 예수믿는 김유봉 장로 때문에 술 맛이 떨어진다'는 소문까지 났다. 술을 마시다가도 김 장로 오는지 망을 보라고 하는 이들도 있었다. 나는 이에 개의치 않았다. 기독교인으로서 정체성을 갖는 것이 중요하지 손님이 오고 안 오는 것을 두려워 하면 안 된다고 여겼다.

한국정부에서는 한식을 세계화 하는 일에 관심을 갖고 이를 추진했는데 나를 자문위원으로 위촉했다. 내가 뉴욕 한복판에서 큰 음식점을 성공적으로 운영하니 그 상징성 때문이라도 선정이 된 것으로 보인다.

한국에서 이 무렵 한국식생활개발연구원이 설립됐는데 원장에 요리연구가 왕준연 여사(1999년 소천)가 임명되었다. 왕여사는 나와 가끔씩 만나 곰탕을 비롯 한국전통음식에 대한 많은 대화를 나누곤 했다.

이후 한국식생활개발연구회는 올림픽 식단 작성을 위해 주한 외교사절을 초청해 시식회를 열었던 기억이 난다. 지금은 고참이 되신 요리연구가 한혜정 씨와도 한식의 세계화를 이루는데 서로 힘을 보태던 때였다.

세계인들이 일식과 중국식은 다 알지만 한국이 어디에 있는지도 몰랐던 때 왕준연 선배를 비롯 한식 전도사들의 노력과 연구가 오늘날 세계 어디나 한식당이 자리 잡고 영업을 하는 기틀을 마련했다고 여겨진다.

식당 손님은 주인에게 왕이라고 불릴 수 있다. 그러나 왕도 그에 걸맞는 모습을 보여야 그 만큼의 대접을 받는 것이다. 음식예절은 이제 지켜야 할 에티켓의 기본에 속한다. 세계 속에서 한국음식이 더 인기를 얻고 세계인의 입맛을 사로 잡으려면 한국인의 음식예절도 이에 걸맞게 성숙해져야 할 것이다.

한국기독교성령100년사 현존 100인에 선정되다

2004년 5월이었다. 한창 바쁘게 일하는 중에 사무실로 우편물이 날라왔다. 발신처가 '한국기독교성령100주년대회'란 곳이었다. 이 단체는 주요 임원진이 조용기 목사, 김성길 목사, 최낙중 목사, 소강석 목사 등 잘 알려진 부흥사들이었다.

내용을 읽어 보니 이 단체에서 한국기독교성령100년사 선정위원회 (선정위원장 민경배 박사)를 두어 현존하는 각계 기독인사 100인을 뽑았는데 내가 경제부문에 선정되었으니 이력서와 사진을 보내 달라는 내용이었다.

깜짝 놀라 내용을 자세히 읽어 보니 매우 의미있는 행사를 준비하는 단체였다.

한국 기독교는 역사적으로 1907년 1월 평양 장대현교회에서 열렸던 부흥사경회 새벽기도시간을 대한민국에 성령의 역사가 시작된 것

한국기독교성령100년 인물 헌정을 알리는 당시 국민일보 기사. 여기에 미주 대표로 포함된 것은 큰 영예였다.

으로 보고 있다. 나중에 목사가 된 길선주 장로가 이 때 회개간증을 함으로 성령의 역사가 공개적이고 구체적으로 가시화되었기 때문이다.

이로부터 100년을 경과한 2007년을 맞아 부흥사단체 세계성령운동중앙협의회가 '2007한국기독교성령100주년대회'를 열기로 결정하고 그 여러 준비 행사의 일환 가운데 '성령 100인'과 '헌정교회 100곳'을 선정한 것을 알게 되었다.

내가 이런 큰 단체에 더구나 한국기독교를 대표하는 100인에 들어간다는 것은 어불성설이라 여겨져 일단 손사레를 쳤다. 그러나 주최

측에서는 이미 선정위원회를 통해 충분히 심사되어 결정한 것이라 했다. 북미주에 수많은 한인교회가 있고 여기에 또 수많은 장로들이 있지만 유일하게 내가 선정된 것이라고 했다.

위원회가 나를 선정한 분명한 이유가 있었다. 미국에 맨손으로 이민을 가서 정말 열심히 일했고 크리스천으로 사업의 복을 받아 장로가 되었고 또 큰 액수의 건축헌금을 통해 교회를 건축, 성도들의 귀감이 되기 충분하다는 것이 그 사유였다.

결국 선정 수락을 하게 되었고 나는 100인 선정자로 자연스럽게 한국기독교성령 100주년에 대한 기독교 역사를 살펴보게 되었다.

언더우드와 아펜젤러 선교사가 1885년 부활절 아침, 인천항으로 복음을 들고 들어왔다. 이후 한국 교회는 빠른 속도로 괄목할 만한 성장을 이루었다. 한국교회가 급성장한 것은 성도들이 한 주간씩 교회 부흥사경회에 모여 기도한 결과이기도 했지만 그 바탕에는 평양 장대현교회의 회개기도가 있었다는 것을 주목할 필요가 있다.

기독교의 한국교회 초기 부흥운동은 국내 교세 확장과 전도운동에 절대적인 영향을 미쳤고 민족의 문화 개혁과 발전에 크게 기여했다. 일제 강점기 때는 기독교가 우리 민족의 정신적 지주이자 주체였다.

그런데 한국교회가 성령운동 100년을 지내오는 동안 문제점도 많이 노출되기 시작했다. 신비주의, 기복주의, 물량주의, 교파와 교계 분열, 개교회 지상주의, 신학 부재현상, 사회구원의 열외와 폐쇄주의 등 자체 정화와 내적 치유과정이 요구된 것이다.

초대교회 성령운동을 회복해 개혁과 갱신을 이루어야 하는데 그러기 위해서는 성령으로 변화되는 신앙운동이 전개되어야 한다는 사실이었다. 그런 의미에서 이번에 분야별로 선정된 성령 100인과 헌정교회 100곳의 사역이 중요시 된다는 것이 이 단체가 강조하는 요지였다.

나 역시 충분히 공감이 가고 맞는 이야기라 여겨져 이 운동에 부족하지만 적극 동참하겠다고 약속했다. 그리고 한국에 갈 때마다 이 단체 사무실에 들러 실무를 보는 안준배 목사를 만나 대화하며 협력을 논의했다.

미주지역에 분회를 만들어 뉴욕성령화대회를 개최하고 모임을 갖는 일에도 도움이 되도록 노력했다. 뉴욕에 집회 차 오시는 목사님들을 나름대로는 정성껏 모셨다.

한국의 올림픽파크호텔에서 열린 100인 헌정식에도 참석한 나는 주최측에서 성령100인의 선정의미를 밝히는 메시지를 듣고 더 큰 사명감을 갖게 되었다.

"각계 분야별 100인을 선정하고 100개 교회를 선정한 것은 역사에 대한 책임의식을 갖자는 뜻입니다. 또 성령100년사를 편찬, 발간하는 것은 문서적 계승과 보존의 의미가 있고 나아가 성도들의 역사적 소명을 불러일으키자는 것입니다.

교회의 정체성은 지역사회에 존재 가치를 제고하고 교파와 보수 및 진보를 초월, 연대하여 공통분모를 확대하는 데 있습니다. 성령의 하나 되게 하심에 따라 사명이라는 끈으로 연결되어 무형과 유형의 역사를 기록하는 것입니다.

성령 100주년 운동이 이렇게 일회적으로 끝나지 않고 거듭될 수 있도록 근거가 마련되어야 합니다. 그래서 저희는 한국기독교성령100주년기념관을 세워 내일의 한국 교회와 민족에게 넘겨주고자 합니다.

성령역사 100년 운동이 열매를 맺도록 국내외 목회자와 성도들의 기도를 부탁합니다. 그리고 동참해주십시오. 앞으로 전개되는 1000만 성도 성령화 운동은 민족복음화를 이루는 첩경이 될 것입니다."

2007년 한국교회는 교파를 초월해 모든 교단과 단체들이 평양대부흥운동 100주년 기념집회를 열었다. 나도 이 행사에 참여하면서 평양대부흥운동의 불씨가 한국교회에 계속 이어지게 해달라고 하나님께 간절히 기도했다.

부족하기만 한 내가 현존하는 성령의 인물 100인에 기록된 것은 분명 분에 넘치게 영광스러운 일이다. 그러나 이 영광에는 책임이 따른다. 하나님의 일꾼으로 세움을 받았으니 거기에 걸맞는 삶과 신앙을 보여야 한다는 뜻이다.

이 100인 기념패는 내 방의 가장 잘 보이는 곳에 놓여져 있다. 매일 보면서 그 사명을 되새기자는 나의 생각 때문이다.

이 성령100인에 선정되고 정확히 10년 후가 되는 2014년에도 나는 미주한인기독교총연합회에서 아주 의미있는 상패를 받았다.

2014년은 내가 한소망교회에서 집사안수를 받고 본격적으로 신앙생활을 한 지 30주년이 되는 해였다. 이 30주년을 맞아 미국에 있는 미주한인기독교총연합회에서 나를 '장한 크리스천'으로 선정해 시상을 하기로 했다는 것이다.

이 때는 내가 곰탕가게를 다 정리한 1년 뒤였는데 이 상을 받아야 되는 것인지 쑥스러웠다. 그러나 내가 상을 기쁘게 받아야 많은 성도들에게 귀감이 될 수 있다며 권면을 했고 결국 총연합회 모임이 있는 행사장에서 상패를 받았다. 총연합회에서는 그동안 교회성도로 장로로 교회건축에 헌신하고 또 미주 교계 전체에 봉사한 공로로 드리는 것이라고 해 나의 어깨를 더 무겁게 했다.

우리가 신앙생활을 하면서 높임을 받는 것은 하나님께서 더 잘하라고 주시는 격려도 되겠지만 자칫 스스로 신앙적 우월감을 가지게 만들어 올무가 될 수 있음을 경계해야 한다고 나는 생각한다.

모든 결과에는 책임이 따른다. 교회 직분에 따라 신앙의 깊이가 달라지는 것은 그 직분이 주는 책임감 때문일 것이다. 지금은 내가 교회 원로장로가 되어 교회행정에서 물러나고 사업도 은퇴했지만 하나님께서 주신 사명은 생명이 있는 한 계속되는 것이고 우리는 이것을 늘 기억하고 마지막까지 완수해야 한다고 여긴다.

그 사명은 이제 자녀와 손자 손녀, 내 주위 이웃들이 예수 잘 믿고 영적으로 계속 성장할 수 있도록 중보기도하는 한편 더 많은 영혼들을 주님 앞으로 인도할 수 있도록 믿음의 본을 보이는 것이 아닐까

한다.

　나는 매일 아침, 기도할 때마다 사도 바울의 고백이 바로 내 고백이 되게 해달라고 기도한다.

"내가 선한 싸움을 싸우고 나의 달려갈 길을 마치고 믿음을 지켰으니, 이제 후로는 나를 위하여 의의 면류관이 예비되었으므로 주 곧 의로우신 재판장이 그날에 내게 주실 것이니 내게만 아니라 주의 나타나심을 사모하는 모든 자에게니라" (딤후 4:7~8)

신앙의 본을 보이라

　미국 뉴욕과 뉴저지 교포사회에서 뉴욕곰탕 김유봉 장로는 본의 아니게 유명인사가 되어 버렸다. 그렇게 된 것에는 여러 가지 이유가 있다.
　그 첫 번째는 식당에 나가 있으면 수없이 많은 교포들이 드나드니 자주 얼굴을 마주 하게 되고 한 두 마디 대화를 하게 되면 서로 친해져 쉽게 교제하게 된다는 점이다. 또 곰탕캔 사업을 하면서 교포 언론에 연일 보도가 되었고 오랜 기간 1월 1일에 무료떡국잔치를 열어 얼굴을 익혔기 때문일 것이다.
　두 번째는 내가 신앙생활을 열심히 잘하고 성전건축을 짓는데 최선을 다해 큰 복을 받았다고 알려져 미국 전역 교포 교회들로 부터 간증집회 요청을 많이 받았기 때문이다.
　그래서 제법 많은 교회를 다니며 하나님을 살아 역사하심을 증거하는 간증을 했다.

2003년, 시애틀에 있는 베다니한인장로교회의 초청을 받았던 적이 있다. 미국 와싱턴 지역 4선 상원의원이자 국회부의장까지 지낸 신호범 장로가 출석하는 교회였다.

집회인도차 뉴욕서 출발해 시애틀 공항에 새벽에 내렸다. 갑자기 40년전 미국에 처음 올 때도 새벽에 시애틀 공항에 내린 기억이 났다. 감개가 무량했다. 40년간 숱한 사건들이 있었지만 이제 많은 것이 달라져 장로가 되어 하나님을 증거할 수 있게 된 것이 너무나 감사했다.

이처럼 미주지역 한인교회를 돌며 간증을 했기에 나는 몰라도 내 간증을 들은 교회 성도들이 기리에서 우연히 마주치면 반갑게 아는 척을 해오곤 한다.

또 세 번째는 여러 한인 기관이나 단체, 모임 등에서 뉴욕곰탕에 후원요청을 많이 해왔고 그래도 내 입장에선 정성껏 도움을 주려 노력했기에 고마워들 했던 것 같다.

지금은 대부분의 직함에서 이름을 뺐지만 나 역시 크고 작은 한인 모임과 단체에서 오랜 기간 간부로 활동했다. 뉴욕의 요식업자들의 모임을 만들고 한인회 발전을 위해서도 크고 작게 간여해 왔다.

그러다 보니 내가 주변에 많이 알려져 모든 언행이 조심스러웠다. 교회에서 간증을 한다는 것은 성도들에게 믿음의 본을 통해 은혜를 끼치는 일인데 자칫 내가 불미스러운 일을 통해 하나님 영광을 가리는 일이 없도록 늘 긴장하고 기도해야 했다.

신앙은 올라가기는 힘들어도 내려오는 것은 한 순간임을 주변에서 너무나 많이 보아왔다. 그러나 나도 인간이고 감정이 있기에 너무나 말도 안되는 상황에 직면하면 분을 터뜨리게 된다.

사탄은 어찌하든 교회 장로이자 잘 알려진 나를 공격해 무너뜨려야 교회와 기독교를 폄훼할 수 있을 것이기에 영적 공격이 적지 않았다. 사소한 일을 크게 만들고 감정을 격하게 함으로 실수케 하고 이것이 결국 하나님 영광을 가리게 만든다.

나 역시 이런 올무에 빠져 교포사회에 알려져 부끄러움을 당한 일도 있었다. 그러나 열심히 기도하면서 하나님의 은혜로 문제를 잘 극복하고 헤쳐 나올 수 있었다. 하나님의 은혜 안에 있는 사람일수록 바짝 긴장하고 기도하지 않으면 순식간에 공격을 당하고 만다.

아직은 여전히 부족하고 더 깊은 영성의 세계에 들어가야 한다고 믿는 나지만 오랜 기간 신앙생활을 하면서 나 나름대로 신앙의 철칙처럼 지켜온 몇 가지가 있다.

이것이 갖는 신앙적인 평가나 의미는 나는 잘 모른다. 그냥 마음 속에서 우러나오는 마음과 신앙심의 발로일 뿐이다. 그런데 이 내용을 가끔 간증집회에서 성도들에게 들려주기에 독자들과도 나누려고 한다.

성도의 가장 중요한 본분은 앞에서도 잠간 언급했지만 주일성수다. 주일은 하나님을 만나고 말씀을 통해 한 주일의 영성을 충전하는 중요한 날이다.

당연히 일찍 일어나 샤워를 깨끗하게 한 뒤 내가 가진 최고의 옷, 가장 깨끗한 옷을 착용한다. 새로 산 양복이나 와이셔츠, 넥타이 등 모든 것들을 제일 처음 착용하는 날은 항상 주일이 된다.

그리고 새 돈으로 헌금을 정성껏 준비한다. 하나님 앞에 가면서 예물은 아주 중요한 부분이다. 지갑에서 용돈 꺼내듯 하는 것이 아니고 미리 봉투에 마음이 담긴 액수를 잘 넣어 준비하도록 한다.

그리고 안방의 제일 중요한 위치, 잘 보이는 곳에 자리하여 수시로 읽었던 성경을 꼭 지참한다. 요즘 핸드폰에 성경과 찬송가를 담아 이를 보는 이들이 많은데 '성경'이라는 책 자체가 주는 의미, 손에 들고 말씀을 찾아나가는 것에 대한 의미가 나름대로 크다고 여긴다. 이런 점에서 나는 어떤 예배에도 성경을 꼭 지참하려고 한다.

교회생활에서도 나는 세 가지를 꼭 지키려 노력했다. 봉사와 헌신과 순종이다. 목사님과 성도, 중직들과 마음이 안맞을 때도 많았다. 이해하기 힘든 상황을 만나도 이로 인해 교회에 문제가 생기면 안 된다는 생각을 먼저 했다.

무슨 봉사든 내가 먼저 해야 성도들이 따라온다. 나는 안하면서 해주길 기대해선 안 된다. 하나님의 일은 하나님을 위해 하는 것인데 사람의 눈치를 보는 사람들이 많다. 마음을 다해 헌신하고 봉사하되 조금이라도 교회를 통해 개인적 이득을 보려는 생각을 가지지 않아야 한다. 교회 내 모든 비품과 물건을 내 집 것처럼 보호하고 잘못된 것이 있으면 바로잡으려는 노력을 한다.

성도들에게 하나님이 가장 많이 요구하시고 또 기뻐하시는 일은 영혼구원이다. 세상 것을 다 가져도 하나님을 알지 못하면 그 인생은 불쌍한 인생이다.

한 영혼을 구하는 것이 천하 보다 귀하다고 한 말씀처럼 우리는 상황과 때를 따라 지혜롭게 복음을 전하는 전도자가 되어야 한다.

성도들이 창피해서, 바빠서, 말주변이 없어서 전도를 못한다고 핑계를 댄다. 정말 핑계일 뿐이다. 우리는 전도라고 하지만 사실은 영혼구원의 다리를 놓는 접촉점을 만드는 것 뿐이다. 개개인에 대한 구원의 문제는 결국 하나님이 일하시는 영역이다.

내가 복음을 전하는 바로 그 때 하나님이 성령의 은혜를 부으시면 그 어떤 강퍅한 영혼도 하나님께 돌아 올 수 있음을 믿는다. 그러므로 우리는 정말 때를 얻든지 못 얻든지 복음을 전하는 노력을 해야 한다.

그리고 이 복음은 내가 본을 먼저 보임으로 그것이 상대에게 감동을 주고 은혜를 끼칠 수 있다. 나의 삶과 신앙이 깨끗하고 정결하며 모범을 보여야 한다는 뜻이다.

그러기 위해서는 신앙생활을 넘어 사회생활도 덕을 쌓으며 나눔과 섬김을 실천하는 인격자가 되어야 한다. 세속적인 언어를 절제하고 실수할 수 있게 만드는 자리엔 아예 가지 않으며, 남을 세우고 높이는 데 인색하지 말아야 한다.

하나님이 기뻐하지 않을 일을 통해 받은 물질은 진정한 복이 아니다. 술집과 도박장을 잘 운영해서 돈을 많이 번 것은 결코 복이 아니라는 의미다. 크리스천은 하나님이 먹이시고 입히신다는 분명한 믿음을 가지면 그대로 된다.

하나님의 사람들은 어디를 가거나 상대를 위해. 집안을 위해, 사업체를 위해 기도하며 복을 빌어 줄 수 있어야 한다. 마태복음 10장 12-13절에 "또 그 집에 들어가면서 평안하기를 빌라 그 집이 이에 합당하면 너희 빈 평안이 거기 임할 것이요 만일 합당하지 아니하면 그 평안이 너희에게 돌아올 것이니라"고 되어 있다.

한 마디로 말하면 축복하는 삶을 살라는 말씀이다. 상대가 마음에 들든 안 들든, 합당하거나 합당하지 않든 개의치 말고 축복하라는 명령인 것이다. 축복하고 싶은 사람은 물론이지만 내키지 않는 사람과 심지어 결코 축복할 마음이 들지 않는 사람조차도 축복하라는 말씀인데 이는 늘 축복을 습관화 해야만 가능한 일이다.

하나님 앞에 드리는 우리의 기도 중에서 가장 완벽한 기도는 주기도문이다. 예수님이 직접 가르쳐 주신 기도이기 때문이다. 그리고 하나님을 가장 높여드리는 찬송은 찬송가 1장 '만복의 근원 하나님'이라고 나는 생각한다.

나는 기도가 안 나올 때 또 찬양이 안 나올 때 이 짧은 주기도문과 짧은 찬송가 1장을 계속 부르고 또 외워보라고 권하고 싶다.

신앙생활을 잘하는 것은 쉽지 않다. 자신과의 싸움에서 이겨야 하고 악한 영의 공격도 막아내야 하며 영적성장을 위해 늘 깨어 기도하며 주님이 주시는 은혜를 사모해야 한다.

　내 안에 계신 성령이 주위에 '믿음의 본'이 되도록 나를 이끌어 주실 것을 늘 기도한다. 그래서 사랑과 섬김으로 주변을 변화시키고 그것이 결국 영혼구원의 열매로 이어져 하나님이 기뻐하시는 일을 만드는 우리 모두가 되었으면 좋겠다.

산타페로 49일간 미국과 카나다를 횡단하다

뉴욕곰탕 가게를 접고 일선에서 은퇴를 하고 나니 시간이 많아졌다. 처음엔 이것 저것 바쁘게 지냈고 한국도 수시로 드나들며 사람들을 많이 만났다.

2017년 여름이었다. 보통 미국에 사는 사람들은 광활만 크기의 미국 대륙을 자동차로 한번 횡단하길 원해 이를 버킷리스트에 넣곤 한다.

그러나 대부분 이것을 꿈으로만 간직하지 실천으로까지 옮기는 사람은 드문 편이다. 그것은 이 대륙횡단이 많은 시간과 튼튼한 자동차가 필요한 모험일 뿐 아니라 위험요소도 많고 돈도 많이 든다. 여기에 식사, 잠자리 문제 등 쉽지 않은 도전이기 때문이다.

그런데 2017년 여름, 내게 이 미주대륙횡단을 할 수 있는 시간과 여건이 되었다. 매년 여름 방학이면 손녀들이 할아버지 집에 놀러와 함께 지내는 것이 아내와 내게 큰 낙이었는데 이 해는 한국으로 여행을 간다며 오지 않는다는 것이었다.

할 일이 없어 허전해진 나는 이 기회에 아내와 미국 대륙횡단을 해보고 싶었다. 그래서 의논했더니 새로운 일에 도전하길 좋아하는 아내도 흔쾌히 가보자고 하는 것이었다. 사실 이런 일은 그냥 하고 싶다고 할 수 있는 게 아니었다. 여러 여건이 맞아야 할 수 있는데, 하나님이 나를 선택해서 지금까지 이끌어 주신 것처럼 이번 여행길도 인도해 주실 것이라 믿고 기도하며 대륙횡단을 준비했다.

사실 이 대륙횡단 여행의 발단은 사위의 아버지, 즉 사돈께서 동기를 부여했다.

시카고에 사는 사돈 김정수 장로는 일년에 4-5번 아들을 보러 뉴욕에 왔다. 그런데 비행기로 2시간 반이 걸리는 이 먼 거리를 항상 자동차를 운전해 몰고 왔다. 이 거리는 그레이하운드 고속버스를 타면 20시간이 걸리는 엄청난 거리인데 사돈은 이를 조금도 두려워 하지 않았다.

오히려 오면서 이리 저리 관광지를 거치면서 2-3일 동안 즐겁게 오곤 했다. 이 모습이 내게는 무척 대단해 보였다.

나도 사돈처럼 언젠가 자동차로 대륙횡단 여행을 해보고 싶다는 생각을 했던 차에 만 70세의 나이가 되어 드디어 기회가 온 것이다.

미국 전 지역과 캐나다까지 미주대륙횡단 계획을 짜보니 50여일이 걸렸다. 여행에 제일 중요한 것이 발이 되어 줄 자동차였다.

그래서 대륙횡단을 떠나기 수개월 전에 외제차를 한 대 구입했다.

차가 미주 횡단 기간에 고장나지 않게 아예 새 차를 구입한 것이다. 그런데 아내가 이 차를 몰고 손녀를 학교에 데려다 주다가 접촉사고를 크게 냈다. 사람은 다치지 않았지만 자동차문 두 짝이 아주 크게 찌그러졌다. 조금만 더 심했으면 아내는 다쳤을 상황이어서 오히려 감사했다. 그런데 이 차 수리를 맡기면 6월15일 출발 날짜에 맞출 수 없었다. 나는 이것이 횡단 여행을 가지 말라는 뜻인가 보다 하고 계획을 내려 놓았다.

그렇지만 뭔가 아쉬워 출석교회 황창선 장로가 운영하는 자동차 수리공장에 가서 빨리 수리를 해 줄 수 있느냐고 했다. 그러나 여기서 노서히 수리시간을 맞출 수는 없고 대신 차를 한 대 렌트해 다녀오라며 이를 주선해 주겠다고 했다.

나는 내심 BMW나 벤츠 같은 고급 승용차를 기대하며 렌터카를 보러 갔는데 장로님은 한국 현대자동차에서 만든 국산차 산타페를 권했다. 실망은 했지만 그래도 내색할 수 없어 이리저리 차를 살펴보다 의자를 젖히고 뒤로 누워 보았다. 차가 편안한지 체크해 본 것이다.

그런데 이게 내 키에 딱 맞았다. 차 안에서 누워도 널직해 나중에 급할 땐 차 안에서 자도 되겠다 싶었다. 그래서 이 차를 렌트하기로 하고 계획 보다 하루 늦은 6월16일 출발했다.

그리고 아내와 함께 49일 동안 미 대륙과 캐나다 일부 지역을 직접 운전하며 길고 긴 여행을 다녔다. 미주 전역을 관광하며 다 돌아보는 코스였는데 내가 49일간 총 운전한 거리는 1만3500마일이었다. km

2017년 49일간 미대륙과 캐나다를 횡단한 산타페 차량 앞에서 여행 중 기념사진을 찍었다.

미주 횡단 여행 중 아내와 함께

로 하면 2만1700km였다.

어렵고 힘들고 고생스런 일도 많았다. 제일 문제가 잠자리였다. 여행하다 중간에 묵는 간이 숙소들은 침대가 다 삐거덕거리고 스프링도 낡아 몸이 예민한 나로서는 깊은 숙면을 취하기 쉽지 않았다.

한번은 긴 운전으로 너무나 피곤한데 잠이 오지 않았다. 너무 피곤하면 정말 잠이 안 온다는 말이 맞았다. 나와 아내는 견디다 못해 수면제를 한 알씩 먹었는데 다음날, 요란하게 방문을 두드리는 소리에 잠이 깼다.

알고 보니 체크 아웃시간이 되었는데 아무런 소식이 없자 호텔 종업원이 무슨 사고가 났나 하고 문을 두드린 것이다. 부랴부랴 준비해 호텔을 나왔던 기억이 있다.

또 한번은 유명관광지 옐로스톤에 갔는데 너무 늦게 도착한 탓에 구경을 마치고 나오니 예정된 숙소까지 무려 80km나 가야 했다. 밤 운전은 위험하기에 옐로스톤 근처 호텔을 가니 관광철이라 하루 숙박비가 최소 300불 이상이었다. 보통 50-70불 정도의 숙소를 사용했던 우리에겐 너무나 큰 돈이라 그냥 차 안에서 자기로 했다.

그런데 밤이 되니 사막지역은 낮과 완전히 달랐다. 얼마나 추운지 몸이 덜덜 떨렸다. 잠을 한 숨도 못자고 떨기만 하다 아침을 맞았던 적이 있다.

좋은 일도 있었다. 캐나다 로키에서 호텔을 운영하는 한 한인 장로님의 숙소에 머문 적이 있는데 우리 부부가 참 대단하다며 지하 온천으로 우리를 초대해 주어 뜨끈하게 목욕을 잘 한 적도 있었다.

이렇게 여행을 하는 동안 길도 많이 헤맸지만 사고 없이 49일간의 일정을 마친 것은 하나님의 은혜였다. 평소 2시간 이상 운전하길 싫어하는 내가 이렇게 긴 시간 운전한 것 자체가 놀라운 일이었다.

나는 나이도 있고 수술을 해 허리가 별로 좋지 않은 편임에도 아내와 함께 무사히 여행을 잘 마치게 되어 감사하고 기뻤다. 여행을 하니 부부애도 살아나고 좋은 일이 많았다. 부부 둘밖에 없는 상황이라 정말 대화도 많이 했다. 그동안 사업과 사회활동 하느라 가정에 소홀했던 것도 보상하는 기분이었다. 서로 도와가면서 여행해야 하니 다녀와서 친구들에게도 꼭 한번 도전해 보라고 권유했을 정도다.

그리고 돌아와서 생각하니 한국산 자동차 싼타페가 너무나 자랑스러웠다. 여행하는 49일간 거친 도로를 달리고 하루 종일 운전을 했지만 단 한번도 고장이 없었기 때문이다.

그래서 자랑스런 대한민국의 이 차를 조건없이 한번 광고해 주고 싶었다. 외국산 차라면 안했겠지만 애국심의 발로였다. 나는 직접 광고를 디자인해 이를 중앙일보 미주판에 내 사비를 들여 전면광고로 게재했다. 디자인은 물론 광고문구도 내가 직접 썼다.

이번 여행길을 안전하고 만족스럽게 마치게 해준 데 대한 보답이었다. 그런데 신문을 본 교포들은 깜짝 놀랐다. 김유봉 장로가 언제 현대 싼타페 광고모델이 되었느냐며 몹시 궁금해 했다. 그들이 더 궁금해 한 것은 내가 '모델료'를 얼마나 많이 받았느냐는 것이었다.

내가 이 광고에 표현한 '확신의 마음으로 감사하여…'라는 문구는 무슨 뜻인지 많이 물어왔다. 이것은 한국 사람으로서 그동안 한국 차에 대한 불신 같은 게 있었는데 이번 여행에서 한국차를 직접 운전해 보고 그 불신이 완전히 깨지고 대단히 만족스러웠기 때문에 쓴 표현이라고 답해 주었다.

사실 1980년대에 현대 엑셀이 처음 미국 시장에 출시됐을 때 곧장 한 대 구입했었다. 겉 모습은 한국 차가 분명한데 많은 부품이 일제인 걸 알고 크게 실망한 적이 있었다. 제네시스도 잘 만든 차라는 걸 알지만 운전해 보진 않아 그리 미덥지 못하던 차에 이번에 산타페를 직접 타 보고 뛰어난 성능에 너무나 기뻤던 것이다.

이 광고를 보고 현대차 광고를 하는 에이전시가 내게 편지를 보내왔다. 너무나 고맙고 광고 문구도 훌륭해 판매에 큰 도움이 되겠다는 감사편지였다.

나는 식당을 오래했기에 광고를 많이 한 편이라 홍보 메카니즘을 잘 이해하고 있다. 내 아이디어로 광고를 재미있게 해 손님들 시선을 끌려고 노력하곤 했는데 이것이 화제가 된 적도 많았다.

1980년대에는 국제 항공우편 봉투 디자인을 이용해 한국에 있는 어머니가 뉴욕에 사는 아들에게 곰탕을 권하는 광고를 낸 적도 있다. '외국에서 고생하고 있는 아들에게'라고 시작한 첫 문구를 펜글씨체로 그대로 인용한 뒤 "아들아, 곰탕은 한국 고유의 전통음식으로 영양가가 높고 맛도 아주 좋단다. 뉴욕곰탕에 가서 맛있게 먹고 건강하게 지내라." 이런 식으로 광고한 것이다.

반짝이는 아이디어로 식당광고를 했던 특기를 이번 현대차 광고에서도 한번 살려본 것이다. 나는 이 일로 갑자기 화제의 인물이 되었고 여러 신문사로부터 인터뷰 요청도 받았다. 이 때마다 나는 기사에 나의 신앙이야기를 빠뜨리지 말고 꼭 써달라고 부탁했다.

이 일로 하나님이 드러나고 영광이 되며 전도할 수 있길 원했기 때문이다. 당시 미주중앙일보에 게재됐던 나의 인터뷰 내용 마지막 부분을 소개해 본다.

"제가 그동안 살아온 걸 되돌아보면 내가 살아온 길이 성경 속에 다 있는 것 같아요. 1976년에 결혼하면서 집사람을 따라 교회를 나가게 됐는데, 사업이 잘 되면 믿음이 오히려 떨어지는 것 같더라고요.

지금 아들 하나, 딸 둘에 손주가 8명 있는데 우리 연배에 이렇게 자손 많은 사람 드물죠. 나름 성공한 인생을 살았다고 여기고 감사하게 생각하고 있습니다.

저는 성공의 의미가 물질과 명예를 크게 가진 것이 아니라 지금 이 자리에서 최선을 다하며, 남에게 유익을 주고, 하나님이 원하는 일을 하는 것이 진정한 성공이라고 생각합니다.

사람들은 누구나 성공하고 싶어하죠. 일반적으로 성공이라 하면 부귀영화, 출세, 돈 많이 벌고, 이런 걸 생각하는데 내 생각에는 자기 인생을 자기 페이스대로 잘 살아가는 게 성공이다 싶어요.

제가 식당을 할 때 두부를 대주는 중국 사람이 있었는데 두부 한 판에 5불이니까 이 5불, 10불 때문에 매일 아침 우리 식당에 배달을 오는 셈이죠. 한 10년 가까이 배달해 주던 이 사람이 어느 날 은퇴한다고 하는 겁니다. 저는 대수롭지 않게 그러냐고 하며 그동안 수고했다고 했습니다.

그런데 제가 이 나이가 되고 보니 그 사람이 진정 성공한 사람 같더라고요. 성공은 높고 크고 화려한 것이 아니더란 말입니다. 돌이켜보니 제 사업과 인생을 지탱해 온 근간은 바로 신앙의 힘이었습니다."

뉴저지 팰팍에 세워질 노인아파트의 비전

브루클린의 캔공장 사업을 접고 다시 곰탕가게에 전념했던 2001년 이었다.

당시 한인들은 미국으로 이민와 어느 정도 경제적인 발판을 마련하면 녹지가 많아 살기도 좋고 자녀 학군도 좋은 뉴저지(州)로 이사를 많이 갔다. 나 역시 1986년부터 뉴저지에 집을 마련해 살고 있었다.

뉴저지는 뉴욕과 필라델피아 사이에 있는 지역으로 프린스턴 대학 등 교육기관도 많고 공업이 많이 발달된 도시다. 뉴저지의 여러 지역 중에서도 Palisades Park, 주로 팰팍이라고 부르는 지역에 한국인들이 집중되어 모여 살기 시작했다. 이곳에 코리아타운이 서서히 형성되기 시작한 것이다. 현재 이곳 팰팍은 한인 인구가 50%라고 보면 될 정도로 많다.

그런데 이 곳 팰팍에 뉴욕곰탕 분점을 내고 싶은 마음이 솟았다.

아내와 나는 이를 놓고 열심히 기도했고 장막터를 넓히는 것(이사야 54:2)이 하나님의 뜻이라 확신했다.

그래서 본격적으로 식당을 할 만한 곳을 찾아 나섰다. 어차피 건물을 임대해야 하는데 적당한 곳이 나타나 계약하려 하면 이상하게도 성사가 잘 되지 않았다. 이렇게 4곳이나 목사님도 다 좋다고 해서 계약하려다 어긋나 번번히 실망하곤 했다.

그런데 하나님은 내게 임대가 아닌 식당을 직접 사도록 모든 것을 준비해 놓고 계셨다. 팰팍 중심가에 식당을 운영하던 분이 이제 아예 식당을 팔려고 한다고 해서 찾아가 보았다.

일단 식당 위치가 너무나 마음에 들었다. 식당건물과 주차장을 포함한 전체 크기가 4만7200 스퀘어 피트(1350평)인데 네모 반듯하고 팰팍 중심가의 도로변 모서리 땅이라 아주 요지였다.

가게를 보러 현장에 왔는데 내 마음 속 깊은 속에서 나를 격동시키는 그 무엇이 솟았다. 나는 조용히 눈을 감고 기도했다. 그러자 이곳이 바로 내가 매입해서 식당을 해야 할 장소임을 확신했다. 성령께서 함께 해 주신다는 느낌이 강하게 다가왔던 것이다.

부동산 중계인은 주인이 내놓은 매매 예상가가 280만불이라고 했다. 땅주인이 한인 여성이었는데 나는 만나자마자 주저없이 이 식당을 내가 사겠다고 했다. 그리고 280만불에 내 놓았지만 내가 300만불에 사겠다고 했다. 그 여주인이 깜짝 놀라는 것은 너무나 당연했다. 모두들 가격을 깎으려고 흥정을 하는데 내가 20만불이나 더 주겠다고 하니 도저히 이해가 되지 않았을 상황이었다. 그런데 나는 예전부터 정말 꼭 필요하고 마음에 확신이 오면 돈을 더 지불하고라도 꼭 내 것으로 만드는 승부사적인 기질도 있었다. 그러나 이번의 경우는 나를 격동케 한 그 무엇의 힘에 이끌려 한 행동이었다.

계약이 일사천리로 이뤄지는데 문제가 하나 있었다. 매입하는 식당과 주차장 땅 일부분이 시유지 도로와 편입돼 있었던 것이다. 그래서 땅 대금 300만불 중 50만불은 땅주인이 후일 건물매매에 문제가 없도록 시유지 땅을 잘 처리해 주면 그 때 지불키로 계약서에 싸인을 했다.

이렇게 뉴저지 팰팍에 문을 연 서울식당은 맨해튼에 있는 뉴욕곰탕의 분점이란 유명세에다 좋은 위치 덕분에 교포들이 많이 찾는 식당으로 금방 자리를 잡았다. 뉴저지 교포들이 이제 곰탕을 먹으러 맨해튼까지 나가지 않아도 된다며 좋아했다. 자동차도 쉽게 댈 수 있는 파킹장이 있어 가족단위 손님이 많았다.

이렇게 식당이 계속 성업 중에 전 주인이 일부 편입된 시소유 땅 문제를 수년이 지나도록 해결하지 못하고 있었다. 우리는 시에서 도로와 일부 인접한 이 땅을 쉽게 불하해 줄 수 있으리라 여겼는데 그것이 행정적으로 잘 안되는 것 같았다.

그래서 이 문제가 빨리 해결이 돼야 한다는 생각에 전 주인을 상대로 계약대로 이 문제를 해결하라는 소송을 제기했다. 그런데 전혀 예상치 못한 결과가 돌아왔다.

한인 노인들을 위해 건립하길 원해 구상한 펠팍지역 복지아파트의 조감도. 이를 위해 늘 기도하고 있다.

상대가 실력 있는 변호사를 잘 선택했는지 내가 재판에 진 것이다. 판매된 땅 일부가 시소유이긴 하지만 매매에 지장이 없으므로 미지급한 50만불에 그동안의 이자까지 60만불을 당장 주라는 판결이 나온 것이다.

주위에서 왜 일을 사서 크게 만들었느냐고 야단이었다. 내 입장에서는 문제를 해결하려다 일이 더 커진 셈이었다. 너무 억울해 일단 항소는 했지만 마음 한편은 판결에 따르기로 승복하고 있었다.

주인에게 줄 60만불 중 30만불은 내가 마련하고 30만불은 은행융자를 받아 마무리 지으려는 과정에서 놀라운 일이 일어났다. 내가 법원에 낸 상고는 기각되었는데 사건 담당 판사가 은퇴를 하면서 재판이 마무리가 되지 못하고 흐지부지 되고 만 것이다. 재판이 진행된 지 결국 2년이 지나서야 나와 전 주인이 합의해 40만불을 주는 것으로 매듭 지었다.

이 과정에서 난 시유지 부분에 해당하는 땅에 대한 세금을 내지 않고 계속 사용할 수 있다는 것과 매매에 전혀 지장이 되지 않는다는 것을 알았으니 나름 수확도 있었다.

이 사이 팰팍 서울식당의 땅값이 크게 올랐다. 워낙 중심가에 코너에 있다 보니 다른 건물에 비해 가치가 더 수직상승한 것이다. 내가 산 가격보다 3배 이상이 되었다.

2013년 식당경영을 모두 접은 뒤 뉴저지 팰팍의 서울회관도 다른 이에게 세를 주었다. 그리고 기도하며 곰곰이 이 땅을 어떻게 사용하는 것이 하나님을 기쁘시게 하는 것일까 지혜를 구했다.

뉴욕에도 뉴저지에도 이제 한인 교포 중에 노인인구가 점점 늘고 있다. 젊음을 바쳐 열심히 일했고 노년을 맞아 이제 좀 편안하게 지내고 싶은 것이 나이 든 교포들의 염원이었다. 그러므로 노인들은 의료시설과 각종 복지서비스가 잘 되어 있는 노인아파트에 들어가는 것이 최대의 소원이다.

노인아파트는 월임대료도 아주 싼데다 각종 혜택과 도움을 주는 부분이 많아 누구나 입주하고 싶어 했다. 그런데 이곳은 아무나 갈 수 있는 것이 아니었다. 62세 이상에 미국 시민권자로 일정한 세금을 낸 기록이 있어야 했다.

그런데 자격자도 신청한 후 3-4년이 지나도 못 들어 가는 경우가 허다했다. 난 내가 소유한 이 팰팍의 네모 반듯한 땅을 한국인 전용 노인아파트를 지으면 좋겠다는 생각이 들었다. 한인타운의 중심가인 이곳이면 교통도 좋아 노인들이 보다 편안하게 노후를 지낼 수 있을 것 같았다. 내 의견에 아내도 자녀들도 찬성해 주어 고마웠다.

나는 이곳에 입주한 노인들과 함께 예배도 드리고 이웃과 사회를 위해 봉사하고 전도할 수 있는 공간으로 제공된다면 큰 보람이 있을 것이라 여겼다. 이제 문제는 허가를 내는 일이었다.

나는 뉴욕에서 손가락 안에 드는 유명 로펌을 찾아 내 땅에 노인 아파트를 짓는 허가를 받아 달라고 의뢰했다. 그랬더니 이런 복지차원의 건물건축 허가는 자신한다며 10층 이상으로 지을 수 있도록 허가를 받아 주겠다고 했다. 그러면서 만약 그렇게 못받으면 아예 수임료를 받지 않겠다며 호언장담하는 것이었다.

그런데 막상 시에서 내준 허가는 8층까지 지으라는 것이었다. 이것도 사실 땅 크기로 보면 적당한 규모였다. 그런데 정말 로펌에서 그 많은 인원이 수개월간 작업해 엄청난 돈을 받아야 함에도 자신들이 약속한대로 안되었으니 수임료를 안 받겠다는 것이었다.

그렇지만 마음이 편치 않아 재정적 여유가 되면 로펌을 찾아 최소한의 경비는 꼭 전달할 생각이다.

팰팍 부지에 세울 노인아파트 조감도를 만들었다. 이 조감도를 볼 때마다 마음이 너무나 뿌듯하다. 하나님께서 앞으로 이 일을 또 어떻게 어떤 방향으로 전개해 나가실지 나는 모른다. 그저 하나님의 뜻이 바르게 이루어지고 그 도구로 내가 사용되어지길 기도한다.

그래서 이 사역을 통해 교포사회에 도움이 되고 결국 하나님께 영광돌리는, 영혼구원의 귀한 장소가 되길 기도하고 있다.

자녀에게 주는 진정한 유산

누구나 한번 쯤 들었을 예화지만 내겐 큰 감명을 주었기에 독자들께 소개하고자 한다.

18세기말 미국에 조나단과 스미스라는 평범한 두 청년이 비슷한 시기에 결혼해 가정을 이루었다. 조나단 가정은 평범했지만 부부가 화목하고 하나님을 사랑했다. 정직하고 성실한 생활 태도를 갖추었고, 아이들을 하나님의 선물로 여겼다.

반면 스미스 가정은 알코올 중독과 도박이 끊이지 않았고 부부 사이도 극도로 나빴다. 신앙심도 없었고 생활 태도도 바르지 못했다. 아이들 교육도 당연히 소홀했다.

200년이 지난 뒤 이 대표적인 이 두 가정을 조사해 보았다. 먼저 스미스 가문에서는 109명이 사형을 당했고, 후손의 3분의 1 이상이 정신병을 앓았으며, 절반 이상이 문맹자로 마약사범과 알코올 중독자,

범죄자의 길을 걸었다.

조나단 가문은 부통령 1명, 주지사 3명, 대학총장 13명, 변호사 149명, 판검사 48명, 목사 116명, 장.차관 82명, 사업가 75명, 발명가 25명, 의사 68명, 교수 66명이 배출되었다.

그런데 조사에 따르면 지능지수는 스미스 가문이 더 높았다고 한다. 결국 이 두 가문을 결정적으로 구별짓는 경계선은 정신적, 영적 유산의 차이였다. 그것은 바로 신앙이었다.

부부가 신앙 안에서 믿음 소망 사랑의 질서 속에서 서로 존경하며 사는 모습을 보여 주는 것만큼 큰 유산은 없다는 사실이었다. 전문가들은 "부부끼리 화목하고 서로 사랑하고 존경하면 자녀들은 저절로 잘될 것"이라고 했다.

이 말은 맞는 것 같다. 하나님이 직접 세우신 신적(神的) 기관은 가정과 교회뿐이다. 그래서 우리는 가정과 교회를 하나님나라의 모형이라고도 한다.

가정에서 부부가 신뢰하고 서로 사랑하는 것이 영향을 주어 유명 인물들이 나오듯 교회도 모든 직분자들이 은혜 속에서 서로가 존중하며, 연합을 이루면 영향력 있는 주의 종과 지도자들이 계속 배출될 것이라 믿는다.

이 신앙가문 이야기에 도전을 받은 나는 미국에서 새롭게 정착해 살아가는 우리 가문도 반드시 조나단 가문이 될 것이라는 믿음을 갖고 자녀들을 위해 늘 기도하기 시작했다.

사실 나는 바쁘다는 핑계로 자녀교육에 좀더 많은 신경을 쓰지 못한 것이 늘 미안한 마음으로 남아 있다. 대신 아내가 늘 바쁜 식당 일을 도우면서도 자녀들을 위해 기도하며 뒷바라지에 최선을 다했다.

내가 주로 자녀들에게 강조한 부분은 신앙적인 면이다. 대표적으로 첫 열매는 하나님의 것이니 반드시 먼저 올려드리도록 했다. 성경 느헤미야서에 보면 유다 백성이 포로생활에서 돌아와 예루살렘의 성벽을 재건하고 하나님 앞에서 새롭게 신앙의 삶을 다짐하는 모습이 나온다.

이 때 여러 결심을 하는데 그중 하나가 "해마다 우리 토지 소산의 맏물과 각종 과목의 첫 열매를 여호와의 전에 드리겠다"는 다짐이었다. 포로생활 중에 "네 토지 소산의 처음 익은 것을 가져다가 네 하나님 여호와의 전에 드리라"고 한 말씀을 지키지 못했기에 첫 열매를 드리는 삶의 회복을 결단했던 것이다.

첫 열매는 히브리어로 '가장 중요한 것, 최고의 것'이라는 뜻이라고 한다. 이 첫 열매를 하나님께 드리는 것은, 우리에게 주어지는 모든 것이 하나님의 것임을 인정하며 하나님의 뜻대로 쓰겠다는 신앙고백이기도 하다.

그랬기에 내 자녀들도 첫 직장에서 받은 첫 월급은 하나님께 드리도록 하고 나 역시도 수입의 첫 부분은 하나님께 드리도록 노력해왔다. 또 새로 산 옷이나 용품도 주일에 처음 착용하고 입었다. 하나님을 믿는 신앙인으로 '첫'이 무엇보다 중요해 이를 실천하려고 한 것이다.

2019년 여름, 김유봉 장로의 2남1녀 자녀와 손자 손녀 8명이 교회에 다 모였다.

나는 요즘 일선에서 은퇴 후 한국과 미국을 자주 오가며 지내고 있다. 하나님께서 물질의 복을 주셔서 어디가든지 먼저 나누고 베풀 수 있어 감사의 조건이 된다.

오늘의 여유있는 삶이 신앙을 바탕으로 열심히 일하고 성실하게 살아온 결과인 것을 내 자녀들은 어려서부터 보아왔다. 이 과정에서 개인적으로 매우 힘들고 고통스런 시간을 보냈으나 잘 인내함으로 결국은 승리한 사례가 있어 소개하고자 한다.

내가 32번가 뉴욕곰탕을 24시간 경영체제로 바꾸면서 요리실력이 출중한 친구 G를 동업자로 영입했다. 친구는 뉴욕에서 이미 유명했던 한국음식점에서 근무하다 좀 불미스런 일로 그만두게 되었는데 이 때 우리 뉴욕곰탕의 확장과 맞물리면서 우리 가게로 오게된 것이다.

사실 동업이란 말은 어떻게 보면 맞지 않다. G는 개인적으로 가게에 투자한 것이 전혀 없고 단지 음식실력만 갖고 온 것인데 나는 이것도 중요한 부분이라 여겨 동업개념으로 격을 높인 것이다.

뜻이 잘 투합된 뉴욕곰탕은 장소도 넓어지고 맛도 업그레이드 되고 24시간 운영체계로 인해 금방 유명해졌다. 뉴욕에서 한인들의 큰 사랑을 받는 음식점으로 빠르게 성장했다. 손님이 크게 늘었고 당연히 매출도 많아졌다.

그런데 1년여 함께 식당을 운영하면서 동업이란 것이 상호 이해가 쉽지 않았다. 각자 생각하는 부분이 많이 틀렸다. G는 자신 때문에 매출이 높아졌다고 여겨 더 많은 부분을 요구했고 우리는 이 부분이 과하다고 여겨 결국 1년 만에 갈라서기로 했다. 대화가 잘 안되어 분쟁이 커졌고 변호사가 끼어 내가 G에게 당시론 아주 거금인 10만불을 주기로 하고 조정을 끝냈다. 대신 반경 2마일 이내에서는 동일한 가게를 G가 열지 않는다는 조건이었다.

갈등을 금전적으로 잘 풀었다고 생각했는데 그것이 아니었다. G는 우리 뉴욕곰탕 바로 옆 빌딩에 더 큰 규모의 식당을 말끔하게 인테리어를 해서 개업했다. 사실 계약위반인데 G는 가게 명의를 다른 사람 이름으로 등록해 교묘하게 법망을 피했다.

깨끗한 인테리어에 우리와 동일한 한식을 팔고 주차장도 잘 되어 있으니 G가게는 금방 손님이 차고 넘쳤다. 한마디로 대박을 터뜨리는 한국식당이 되었다.

반면 우리가게는 매출이 30% 이상 확 줄었다. 정말 지저분한 방법으로 나를 골탕 먹이는 상황이었는데 법적으론 하자가 없으니 속만 앓아야 했다.

허름한 내 차를 몰고 아침에 출근하면 바로 옆에서 G가 최고급 승용차를 세우며 보란 듯이 으스대는데 정말 화가 많이 났다. 아내와 나는 기도로 인내하며 주어진 상황을 인정하고 우리 가게를 더 열심히 운영하자고 다짐했다. 더 많이 기도하고 더 많이 가게에 신경을 썼다. 아마 신앙이 없고 성격이 급하거나 거친 사람 같으면 칼부림이라도 날 수 있는 상황이었다.

이제 이 사건이 있은 후 38년이 지났다. 그 때 그렇게 돈을 많이 번

G라면 나보다 훨씬 더 잘되어 있어야 정상이다. 그러나 그는 파산했다는 소식까지 내가 들었고 그 이후 행적은 듣지 못하고 있다. 교포사회가 한 집 걸러 잘 아는데 그가 잘 되어 행복한 삶을 살고 있다면 내가 모를 리가 없는데 일면 안타깝기도 하다.

이 사건을 겪으며 나는 자녀들에게도 지금 잘되고 있는 것이 나중에 더 못될 수도 있고 지금 못되고 있는 것이 나중에 더 잘될 수 있다는 것을 가르치곤 한다. 중요한 것은 하나님을 의지하며 바르고 정직하게 사는 것, 내 삶을 통해 하나님을 기쁘시게 해드리겠다는 자세가 꼭 필요함을 가르치고 있는 것이다.

하나님께서는 내게 세 사녀를 선물로 주셨다. 첫째가 1978년 태어난 아들 민수이고 둘째가 1979년 태어난 엘리이다. 막내 은혜는 1983년 태어났다. 자녀들은 모두 믿음의 가정에서 성장한 배우자들을 만나 행복한 가정을 꾸리고 있다. 이들에게서 난 손자 손녀가 8명이나 된다.

무엇보다 감사한 것은 자녀들이 한 명도 엇나감 없이 제몫을 하며 대학까지 마쳤고 부모의 말에 순종하며 예수를 잘 믿고 있다는 사실이다.

그런데 자녀들 중 그 누구도 내 재산을 기대하고 바라는 것 같지 않아 감사하다. 맏이인 아들은 직장인으로 병원에서 열심히 근무하고 있다. 며느리도 유명 미인대회에 나가 수상한 경력이 있음에도 평범한 주부가 되어 자녀들을 키우느라 바쁘다.

아들은 내가 팰팍에 일반 상가나 아파트 대신 돈이 안되는 노인전용 아파트를 짓는다고 했을 때 적극 찬성해 주었다. 하나님이 주신 것이고 하나님이 기뻐하실 일에 사용하면 좋은 일이라고 하는 아들의 말이 너무나 기특했다.

둘째 엘리는 뉴욕에 있는 세계적인 패션대학인 파슨스를 졸업했다. 자신의 전공을 살려 일을 하다 월스트리트 금융가에서 일하는 사위를 만나 결혼해 잘 살고 있다. 사돈이 시카고에 사는 교회 장로인데 아들을 보러 뉴욕에 오면 나와도 만나 대화하며 좋은 시간을 갖곤 한다.

셋째 은혜는 미국문화권에서만 살아 한국을 좀 더 체험해 보고 싶다며 한국의 국제학교 영어교사로 자원해 2019년 여름, 한국에 들어왔다. 3남매까지 온 가족이 함께 들어왔는데 딸의 결정에 직장까지 사표를 내고 함께 온 사위 아담도 대견스럽다.

자녀들이 잘 자라 주었지만 만약 다시 어린 시절로 돌아가 교육을 해야 한다면 '성경말씀 읽기'와 '철저한 예배 참석'에 더 집중할 수 있도록 가르치고 싶다.

유태인들의 자녀 교육 방법은 세계적으로 유명하다. 노벨상 수상자의 상당수가 유태인이고 세계적인 큰 인물들도 많다. 나라도 없던 유태인들이 세계무대의 주인공이 된 것은 그들만의 독특한 자녀교육 방법에 있다.

그 핵심이 바로 여호와가 오직 유일한 여호와이심을 가르치고 믿게 하는 것, 하나님을 뜨겁게 사랑하도록 교육하는 것, 성경말씀을 계속 읽고 암송하며 예배하는 것에 있다. 결국 자녀에게 말씀읽기를 통한 생활화와 예배드리기에 성공하는 삶이 인생 전체에서 '진정한 의미의 성공'을 거머쥐게 한다는 결론을 얻게 된다.

그래서 요즘 나는 사랑스런 손자들을 만날 때마다 손잡고 기도해주며 말씀묵상 속에서 하나님을 잘 믿고 의지하는 진정한 예배자가 될 것을 가르치고 있다. 그리고 이 성경구절만은 꼭 외우게 하려고 한다.

"네 부모를 공경하라 그리하면 네 하나님 여호와가 네게 준 땅에서 네 생명이 길리라"(출21:12)

내 인생의 한 페이지를 장식한 출판감사예배

이 글은 독자가 지금 읽고 있는 '뉴욕곰탕 이야기'의 초판에는 없는 내용이다. 간증집이 출간되고 출판기념 감사예배를 드리기까지의 과정이 내겐 특별히 의미가 컸고 남기고 싶은 부분이 있었다. 그런 중에 책이 다 소진되어 재판을 찍게 되었기에 이 내용을 새 책에 추가하게 되었음을 먼저 밝힌다.

내가 의욕적으로 사업하며 열심히 신앙생활을 하던 내 나이 50~60대 무렵 부터 주변에서 간증집을 내라는 권유를 많이 받았다.

주로 교회의 초청을 받아 간증을 하거나 방송에 출연해 내 삶에 임한 하나님의 은혜를 나누고 나면 출판사에서 직접 연락이 오거나 주변 지인들의 출판 권유가 많았던 것이다. 그러나 나는 아직 책을 쓸 때가 아니라고 여겨 이 간증집 출판 요청을 완곡하게 거절하곤 했었다.

그러다 곰탕가게와 사업을 모두 정리하고 난 뒤인 2017년, 아내와

출판감사예배에서 아내 박송현 권사와 함께한 김유봉 장로.

나는 49일간 미국 전역과 캐나다를 자동차로 대륙횡단을 했다. 이 내용은 앞 부분 책 내용에도 자세히 언급되어 있다.

이 긴 여행을 하면서 아내와 나는 많은 대화를 나누었다. 그동안 서로 바빠 속 깊은 대화를 많이 나누지 못했는데 이 자동차 여행기간에는 우리 둘 밖에 없고 24시간 같이 붙어 지내다 보니 자연히 많은 이야기를 하게 되었던 것이다. 그리고 그동안 우리 부부가 살아온 시간들, 그 사이 일어났던 수많은 사건들을 하나 하나 회고했다. 그리고 이 매 상황마다 역사하신 하나님의 은혜와 사랑, 축복과 인도하심에 감사하고 감격했다.

그리고 부족하지만 우리가 살아온 이야기를 간증으로 이제는 남겨야 할 때라는 것을 그때서야 깨닫게 되었다. 이는 나를 드러내기 보다는 우리의 부부의 삶에 역사하신 하나님을 드러내야 한다는 사명감이 생긴 것이다.

이렇게 결심하고 본격적으로 간증집필에 들어간 때가 한국을 3개월여 방문한 2019년도였다. 그리고 원고가 거의 마무리 되는 가운데 갑자기 코로나18 바이러스가 전세계를 뒤덥고 말았다. 뉴욕에서 한국을 가기도 힘들었고 이 영향으로 원고가 완성되었어도 간증집 출판은 자연히 차일피일 미루어지고 말았다.

그러다 4년여 우리를 괴롭히던 코로나가 잠잠해지고 모든 일상들이 정상으로 회복된 2024년, 책 '뉴욕곰탕 이야기'가 드디어 세상 밖으로 나오게 되었다. 탄생까지 오랜 시간이 걸린 나의 간증집 '뉴욕곰탕 이야기'였다.

책이 나온 뒤 가까운 지인들만 몇 분 초대해 책을 나누며 문서를 통해 복음이 이곳 저곳에 전해졌으면 하는 바람을 가졌었다. 그런데 주변에서 모두들 출판기념예배를 드려야 한다고 했다. 이 예배를 통해 김유봉 장로에 역사하신 하나님을 증거하는 시간을 가져야 한다는 권유를 받았다. 그래서 조촐하게 예배드리고 식사나 나눌까 하던 중에 갑자기 이런 생각이 들었다.

"하나님께서는 내게 선물로 1남2녀의 자녀와 며느리, 사위, 8명의 손자 손녀를 주셨다. 이 자녀, 손자들에게 그 어떤 물질적인 유산 보다도 우리 아버지와 어머니, 또 할아버지와 할머니가 기독교 신앙인으로 어떻게 살아왔는지, 또 많은 분들과 신앙 안에서 어떻게 교제했는지를 보여주는 것이 그 어떤 것 보다 값진 유산이 될 것이다."

그래서 2024년 6월27일, 서울 종로 연지동 한국교회100주년기념

출판감사예배 중 미국에서 온 자녀와 손자, 온 가족들이 나와 특별찬양을 했다.

관 소강당에서 출판감사예배를 갖기로 장소를 예약했다. 날자를 이때 잡은 것은 미국의 자녀와 손자들이 여름방학을 맞아 이 출판감사예배에 다 참석할 수 있도록 하기 위해서였다. 그리고 한국에 나오는 항공료와 체재비를 할아버지가 모두 다 대주겠다고 했다.

물론 자녀와 손자들이 교회를 다니고 신앙생활을 잘 하고 있지만 이런 믿음의 사람들과 나누는 예배를 통해 기독교 신앙인의 삶이 얼마나 소중하고 귀한가를 직접 눈으로 보여주고 싶은 것이 내 의도였다. 그리고 이 출판감사예배 준비는 한국에서 여러 분들이 도움을 주셔서 차질없이 진행이 되었다.

드디어 2024년 6월27일 출판감사예배 당일이 되었다. 이날 행사에는 말 그대로 감사하게 그동안 나와 신앙 안에서 교제했던 많은 목사님들과 장로님들, 성도님들 200여명이 참석해 대성황을 이루었다. 내

설교자인 이동원 목사를 비롯 출판감사예배 순서를 맡아준 분들.

  가 연락드린 분들 중에 피치 못할 상황이 아니면 모두 참석해 주셔서 너무나 감사했다.

  이날 설교를 맡아주신 지구촌교회 이동원 원로목사님은 감기로 몸이 불편하심에도 먼 길을 달려와 주셨고 많은 순서 담당자들이 출판기념예배가 은혜롭게 진행되도록 아낌없이 도움을 주셨다.

  이날 순서를 맡아주신 모든 분들은 나와 오랜 기간 교제하며 친분을 가졌던 분들로 나의 책 출판 소식에 한걸음에 달려온 분들이었다. 오히려 예배순서는 제한된 인원이 해야 해 순서를 맡겨드리지 못해 섭섭해 하셨던 분들도 있었다.

  이날 예배에는 기독교계 신문사와 방송국에서도 취재를 많이 왔는데 이 중 한 곳 언론사의 기사를 그대로 소개해 본다.

김유봉 장로 '뉴욕곰탕 이야기' 출판감사예배 드려
"맨해튼의 기적 만들며 나눔과 선교에 헌신한 감동의 간증집"

맨주먹으로 도미, 맨해튼의 기적을 만들며 나눔과 선교에 헌신한 감동의 간증집 '뉴욕곰탕 이야기' 출판감사예배가 지난 6월27일 한국교회100주년기념관에서 드려졌다.

김유봉 장로의 신앙 여정을 담은 '뉴욕곰탕 이야기' 출판감사예배는 강헌식 목사(평택순복음교회)의 사회와 서문석 장로(서울장로교회)가 기도, 이준호 목사(임마누엘선교재단 회장)의 빌립보서 2장5~11절 성경봉독, 이동원 목사(지구촌교회 원로)의 설교, 김무정 장로(유나이티드문화재단 이사)의 광고, 임시호 목사(판교중앙교회 원로)의 축도 순으로 진행됐다.

이날 이동원 목사는 '한 분을 따르는 인생' 제하의 설교를 통해 "장로님이 평생 보여준 모습은 그리스도 한 분에게 충성하는 모습이었다. 자신을 비우고 희생하면서 섬기는 삶을 살아오셨다"면서 "한 분 그리스도를 유일한 삶의 모범으로 삼아 한결같은 삶을 사시는 모습이 늘 저에게 감동을 줬다"고 밝혔다.

또 이 목사는 "한결같이 그리스도를 따라 살며 주님을 섬기는 진정한 모범을 후학들에게, 모든 이민교회에, 한국교회에 증언할 수 있다면, 이 책이 또 하나의 복음의 증언의 책으로 높이 쓰임받을 줄 믿는다"고 강조했다.

이어진 행사는 안준배 목사(한국기독교성령역사연구원 원장)의 서평에

이어 이순창 목사(예장통합 증경총회장)와 김호일 목사(대한노인회 회장), 이규민 목사(장신대 교수)가 축사를 전했고, 이재수 장로(평신도신문 국장)는 축시로 축하를 대신했다.

저자 김유봉 장로의 인사말에 이어 꽃다발 증정 순서가 진행됐으며, 김유봉 장로와 박송현 권사 가족들이 찬양으로 하나님께 영광을, 함께한 모든 이들에게 감사를 전했다.

김유봉 장로는 "일평생 하나님만 따라서 오늘까지 왔다. 남은 생애 사람들에게 유익을 주며 더 열심히 살아갈 수 있기를 원한다. 계속 기도해주시고 격려해주시길 부탁드린다"고 인사했다.

1947년 경기도 여주에서 출생한 김유봉 장로는 29세의 나이로 미국 뉴욕으로 도미하여 한식당 주방보조로 일했다. 1년 뒤 박송현 권사를 만나 결혼하여 크리스천이 됐고 1988년 장로 장립을 받은 그는 성전 건축에 150만 불을 헌금함으로 교회성장의 기틀을 마련하기도 했다.

뉴욕 32번가 코리아타운에 뉴욕곰탕을 열어 34년간 운영하며 교포들에게 그리운 고향의 맛을 선사했으며, 세계 최초로 '곰탕캔' 회사를 설립해 수출하는 등 다양한 선교와 봉사활동을 펼쳤다.

김 장로는 맨하탄 기독실업인회 회장 등을 지내며 2004년에는 '한국기독교 성령의 사람 100인'에도 선정되었던 김 장로는 남은 삶을 미주 교포들을 위한 선교 및 복지사역을 위해 살아갈 수 있기를 기도하고 있다.

아울러 이날 예배에서는 앞 신문 기사에도 소개됐지만 평소 가깝게 지내던 이재수 장로가 나를 위한 축하시를 써서 낭독해 주었다. 시인으로 등단까지 한 이 장로는 나의 간증집을 자세히 다 읽었고, 지나온 내 삶을 잘 아는 터라 정성스럽게 쓴 시(詩) 내용이 나를 감동시키기에 충분했다. 이 시도 함께 소개해 본다.

김유봉 장로님 간증집 출판을 축하드리며

29세, 꿈 많은 청년 시절
아메리칸 드림 가슴에 품은 채
딸랑 160불 두 손에 움켜쥐고
현해탄을 건너
접시 닦던 작은 일에서
화려한 뉴욕 맨해튼 32번가
빌딩숲 건물 주인공 되기까지
눈물로 기도했다

박송현 권사님과 둥지를 틀고
천사 같은 믿음과 사랑으로
곰탕을 우리고 끓이길 34년

주일이면 교회봉사와 헌신을
삶의 제1원칙으로 사신 두분
교회부지 150만 불에 매입하여
교회당 건축도 잘 성공시킨
브리스길라와 아굴라 같은 부부

맨해튼 밤하늘에 별이 쏟아지면
희망을 노래하고
고요히 흐르는 허드슨 강물에
소망도 띄웠던
아브라함 같은 순종의 장로님
에스더처럼 용기와 지혜의 권사님
꺾이지 않은 불굴의 투혼으로
서러움, 외로움 곰국에 녹여

오직 교회, 오롯이 곰탕을 위해
장인정신 하나로 꼭 승리하리라
의지에 한국인 기개를 높이리라
입술을 깨물고 두 주먹 쥐며
희망의 꿈을 세우기 위해
엠파이어스테이트 빌딩을 오르고

펄럭이는 태극기를 바라보며
동포애와 애국정신을 불태웠다

맨해튼의 아름다운 불빛보다
장로님의 삶이 더 찬란하며
권사님의 헌신과 기도의 불꽃은
진솔한 하나님의 사람입니다
앞만 보고 달려온 지난날
오직, 하나님의 은혜라
장로님의 삶과 섬김이 우리 곁에
영원히, 영원히 기억되게 하소서

2024. 6. 27. 한국교회100주년기념관에서 청람 이재수 장로

이날 출판감사예배 후에는 참석한 분들과 식사도 나누며 친교시간을 가졌다. 모든 분들이 미국에서 온 우리 전 가족이 함께 부른 특별찬양이 너무나 다복해 보이며 보기가 좋았다고 입을 모았다. 오랜만에 친지와 친구들, 뉴욕곰탕으로 인연을 맺었던 사람들을 만날 수 있어서 나 역시 참으로 기쁜 시간이었다.

뉴욕곰탕에서 아르바이트하며 유학생으로 지냈던 이들이 이제는 한국 사회 곳곳에서 중요한 역할을 맡고 있었고 생각지도 못했던 옛

지인들이 이곳저곳에서 찾아와 아주 즐겁고 흐뭇한 만남들을 가졌다.

자녀와 손자들도 이날 예배를 통해 주 안에서 하나님을 섬기며 헌신할 때 받는 무형과 유형의 축복과 자산이 무엇인지를 보고 배우고 느꼈을 것이라 믿는다.

나는 이날 예배에서 인사말을 하면서도 잠시 목이 메일 정도로 감격하고 감사했지만 모든 행사를 마치고 집으로 돌아와 아내와 함께 다시 한번 기도를 드렸다.

"주님. 감사합니다. 부족한 제가 주님의 은혜로 살아온 지난 50여년 신앙생활을 한 권의 간증집 '뉴욕곰탕 이야기'로 출판되게 해 주심을 감사드립니다. 이제 저는 남은 삶을 이 책에 쓰여진 대로 주님을 더 앙망하고 사모하며, 헌신하는 삶을 살겠습니다. 하나님 앞에 부끄럽지 않은 신앙인이 되도록 노력하겠습니다. 자녀들에게 재산 보다 믿음을 물려주는 아버지 어머니, 할아버지 할머니가 되겠습니다. 모든 영광과 감사를 하나님께 올려드립니다."

에필로그

더 열심히 살아야 할 명분을 찾는 책

나의 자녀 중 셋째이자 둘째 딸인 은혜의 남편 아담 웨슬리 밀러 (Adam Wesley Miller)는 시골 출신이다. 영화배우처럼 잘 생긴 외모를 가졌는데 여기에 착실하고 착하기까지 해 아빠와 남편으로 100점을 주어도 과하지 않다.

아담의 고향은 오하이오의 한적한 시골마을이다. 은혜는 그곳 마을이 너무나 아름답다며 결혼식 피로연을 그곳에서 따로 준비했다. 현장에 가 보니 정말 숲 속에 둘러 쌓여 전원적인 분위기가 물씬 풍기는, 동화같은 곳이었다.

말이 먹을 건초를 쌓아두는 창고를 데코레이션을 해 마련한 파티 장소는 동네잔치로 진행됐고 소박했지만 운치가 넘쳤다. 이날 나는 분위기도 좋고 경치에 취해 밀러 아버지인 사돈과 많은 대화를 나누었다.

내가 맨손으로 미국에 와서 숱한 고생과 어려움을 신앙으로 극복하고 성공한 과정을 들려 주었다. 사돈은 큰 감동을 받은 것 같았다. 세상물정에 어두운 순박한 시골 사돈은 내게 "이 감동적인 이야기를 책으로 써서 꼭 펴내면 좋겠다"며 엄지손가락을 치켜 세웠다. 빈말이 아니라 그 표정에서 진심이 느껴졌다.

한국인도 아닌 미국인으로부터 이 이야기를 듣고 보니 그동안 막연하게 생각했던 '책쓰기' 숙제를 꼭 해야 한다는 사명감과 동기가 부여되었다.

그러나 이 일은 이로부터도 마음의 빚처럼 남아만 있다가 드디어 2019년이 되어서야 행동으로 옮겨 책을 쓰게 되었다.

글이 마무리되기까지는 중간에 코로나 팬데믹까지 발생해 시간이 많이 흘렀다. 그러나 내 입장에선 고민하던 숙제를 끝낸 것 같은 개운함이 있다. 사돈의 말이 씨가 되고, 도전이 되어 열매를 맺은 것이라 사돈에게 고마운 마음이다.

이 책을 정리하면서 숱한 옛 기억들과 마주쳤다. 그 때의 상황과 느낌, 기억이 되살아나며 또 한번 울고 웃는 시간이 되었다. 감동과 기쁨도 있었지만 후회와 반성도 해야 했다. 그러나 내 삶 전체를 관통하는 하나의 큰 줄기가 있었다. 그것은 바로 '주님의 보호하심과 은혜'였다.

이제 팔순을 향해 가고 있는 내 지나온 인생을 조망하니 내 삶은 하나님이 예정한 섭리에 퍼즐이 맞춰진 시간들이었음을 고백하게 된다. 당시의 실패는 진짜 실패가 아니었고 그 때의 성공은 진정한 성공이 아니었다. 당시는 억울하고 분했지만 결과적으론 감사였다.

누군가 인생은 장거리 경주라고 했다. 잘 아는 토끼와 거북이 이야기처럼 끝나봐야 안다. 지금 잘 달리는 것 같아도, 지금 기진해 쉬고 있는 것 같아도 결승점에 도착해 환호성을 지를 수 있는 이가 누굴지 지금은 아무도 모른다. 그러나 주님을 믿고 의지하며 성경의 내용을 믿는 우리 신앙인은 그 결말을 선명히 안다. 그것을 믿기에 오늘의 삶을 더 열심히 살아야 한다는 명분을 갖는다.

나는 가끔 한국 유명 목사님들의 설교를 유튜브를 통해 자주 듣곤 하는데 수년 전 명성교회 김삼환 목사님의 '우리 가정의 구름기둥 불기둥 이야기'란 제목의 설교를 우연히 듣게 되었다.

설교 요지는 "많은 가정이 자녀들을 잘 양육해 성공시키는 명문 가정이 되려고 노력하고 있지만 그보다 진정 더 중요한 것은 하나님이 우리와 함께 하셔서 이루신 믿음의 이야기, 신앙의 이야기를 많이 갖고 있는 가정이 진정한 축복이자 명문 가정"이라는 말씀이었다.

설교를 들으며 참으로 공감되었다. 성경의 이야기도 결국 믿음의 가정들이 하나님의 말씀에 순종하고 따라 살면서 하나님의 뜻을 이루고 사명을 완수하는 이야기들을 모은 것이다. 하나님의 명령에 순복해 애굽을 떠난 이스라엘 민족을 하나님은 구름기둥과 불기둥으로 무더위와 추위를 이기게 해 주셨고 만나와 메추라기로 아무 것도 없는 광야에서 배고픔을 견디고 젖과 꿀이 흐르는 가나안땅으로 들어가게 해 주셨다.

우리의 삶에서 '가정의 자랑스런 보화' 즉 신앙이야기를 만들어야 한다고 했을 때 자녀들에게 최소한 '믿음의 유산'은 남긴 것 같아 감사하다. 어떤 상황과 여건 속에서도 하나님과의 끈을 놓지 않았고 더 굳게 잡으려고 노력했기 때문이다. 그리고 그 이야기는 이 책 속에 고스란히 담았다.

　책을 정리하면서 이 책을 읽는 분들이 나의 지나온 이야기를 통해 인생을 좀 더 진지하고 의미있게 바라보는 계기가 되면 좋겠다는 생각을 했다. 한 인간의 삶이 흘러오면서 무엇이 그를 이렇게 변화시키고 만들었는지에 대한 의문이다. 그리고 그 해답을 책에서 찾았다면 이 책이 쓰여진 보람도 클 것이라 생각된다.

　책 내용이 워낙 오래된 이야기를 기억해 기록하다보니 년도와 이름, 날자가 안 맞는 경우가 다소 있었을 것이라 여긴다. 또 사실에서 빗겨간 부분이 있을지도 모를 일이다. 이는 독자들이 큰 틀에서 이해해 주시리라 믿는다. 또 내용에서 당사자가 원치 않는데 이름이 기록됐다면 이 자리서 진중히 사과를 드리고 싶다.

　누군가 인생은 아름답다고 했다. 그러나 나는 여기에 한 마디를 꼭 덧붙이고 싶다. '하나님과 함께 하는 인생이 더 아름답다'고 말이다.

　끝으로 42년 전 '접시닭이 깡마른 청년'을 배우자로 맞아 신앙과 영주권 두 마리 토끼를 잡게 해준 사람, 평생을 기도로 내조해준 사랑하는 아내 박송현 권사에게 감사와 사랑을 보낸다.

뉴욕곰탕 이야기

초판 발행 2024년 5월 7일
초판 1쇄 2024년 5월 17일
초판 2쇄 2025년 1월 10일
지은이 김유봉

펴낸곳 물맷돌/수엔터테인먼트
발행인 최남철
디자인 책 만드는 여자

총판 생명의말씀사
출판등록 306-2004-8
주소 서울시 송파구 중대로 207,2층 201호
구입문의 010-9194-3215

ISBN 979-11-86126-47-9(03230)

물맷돌은 수엔터테인먼트의 기독브랜드입니다.
이 책은 수엔터테인먼트사가 저작권자와의 계약에 따라 발행한 것이므로
이 책의 내용을 이용하시려면 반드시 저자와 본사의 허락을 받아야 합니다.
잘못된 책은 구입처에서 교환하여 드립니다.